EL ABC
DE LA
COMUNICACIÓN
EFECTIVA

EL ABC
DE LA
COMUNICACIÓN
EFECTIVA

HABLADA, ESCRITA, ESCUCHADA

SONIA GONZÁLEZ A.

GRUPO NELSON
Una división de Thomas Nelson Publishers
Desde 1798

NASHVILLE   MÉXICO DF.   RÍO DE JANEIRO

Todo el material de *El ABC de la comunicación efectiva* fue publicado originalmente por Grupo Nelson en
los siguientes libros escritos por Sonia González A.: *Habilidades de comunicación escrita* (© 2011),
Habilidades de comunicación hablada (© 2011), *Habilidades de comunicación y escucha* (© 2011). Todos los
derechos de las obras originales están reservados por Sonia González A.

Editora en Jefe: *Graciela Lelli*
Adaptación del diseño al español: *Grupo Nivel Uno, Inc.*

ISBN: 978-0-71803-099-5

Impreso en Estados Unidos de América

15 16 17 18 19 RRD 9 8 7 6 5 4 3 2 1

CONTENIDO

PARTE III: ESCUCHAR

PARTE I
HABLAR

DEDICATORIA

A Jesucristo, el comunicador más inspirador y asertivo de todos los siglos. Porque todo pasará, pero sus palabras jamás pasarán.

A mi precioso hijo Daniel, porque hay en él un espíritu muy superior. Caballero de fina estampa.

A mi hermosa hija Ángela María, por ser tan dulce y madura a la vez. Niña de mis ojos.

Gracias.

PARTE 1

EL FONDO: «QUÉ DIGO»

CAPÍTULO I

EL LENGUAJE PARA LAS PRESENTACIONES EFECTIVAS

RESUMÍ EN SIETE LAS CUALIDADES DE UN LENGUAJE APROPIADO PARA las presentaciones efectivas: claro, sencillo, puntual, directo, atractivo, sugestivo, contundente.

1. Lenguaje claro

Cuando entrevisto uno a uno a los participantes en un taller de desarrollo de habilidades y competencias en comunicación en una empresa, universidad o grupo de personas diversas, les pregunto a todos cuál es para ellos la mayor expectativa del proceso de aprendizaje que vamos a iniciar.

La mayoría contesta: «Poder transmitir con *claridad* las ideas».

Es notable que la necesidad primordial para conseguir una buena comunicación sea la claridad. Tanto al escribir como al hablar.

Las personas que hablan en auditorios para presentar sus ideas o mostrar un informe de gestión, por lo general se confunden y dicen cantidades de cosas que no conducen al tema central.

Por el contrario, se desenfocan y se desvían. Todo por falta de esta virtud determinante: la claridad.

Para manejar un discurso *claro* es necesario romper los paradigmas mal aprendidos. Como el de pensar que hablar bien es utilizar un lenguaje recargado, arcaico, con exceso de formalismos, tecnicismos y confusiones retóricas.

La claridad implica erradicar por completo las introducciones pesadas y complicadas. También es necesario eliminar todos los términos demasiado rebuscados.

Para lograrlo, la fórmula más fácil es hablar desde lo más sencillo. No desde lo más pesado. También es clave comenzar por la idea principal, y no darle vueltas al discurso con la disculpa de querer «contextualizarlo».

El comunicador con lenguaje claro no utiliza palabrejas rebuscadas, ni términos inflados, para tratar de convencer al público de su capacidad y conocimiento.

Se puede decir que habla con claridad una persona que dice en la menor cantidad de palabras posible, con mucha sencillez, pero con gran profundidad, todos sus mensajes. Con el efecto inmediato de ser entendido por todo el auditorio. Sin complicaciones ni confusiones.

La claridad se pierde cuando tratamos de decir demasiadas cosas en poco tiempo. Solo porque pensamos que, al decir mucho, convencemos más. Ese es un gran error. La realidad es que, entre menos diga, más claro será. Y como resultado, mucho más efectivo.

Una de las formas de comprobar la claridad de lo que decimos es preguntar al final a las personas si han entendido lo que hablamos. Se puede realizar un seguimiento continuo al mensaje que exponemos con preguntas periódicas, para corroborar que somos bien claros.

No olvide el mapa de ideas: 1, 2, 3 y la ñapa. De esa manera se garantiza la claridad, a partir de un sencillo pero muy efectivo sistema de ordenamiento de las ideas, de comprobado éxito.

Cuando tengo una ruta clara de las ideas, el mensaje es claro. Por eso mi sugerencia es que no salga al escenario sin antes tener un mapa de ideas escrito en un papel, al lado de la mesa de trabajo o en el restaurante, o cualquiera que sea el lugar donde vaya a hablar. Cualquiera que sea el público.

Los más hábiles pueden llevar el mapa en la mente. Y, en forma imaginaria, van tachando cada una de las ideas que tenían escritas en su mapa mental.

Pero por favor, si quiere ser claro, no comience ninguna charla con la mente en blanco, como si estuviera listo a lanzarse al vacío, donde comenzará a inventar, a dar rodeos, a titubear y trastabillar, porque no tiene idea de lo que va a decir.

No importa que conozca de memoria el tema. Que se sienta muy seguro con el manejo de la charla. No se confíe. Usted debe ser muy responsable con el aspecto de la claridad para cada auditorio, masivo, grupal o personal.

Cuando trabaje varias veces la clave del mapa de ideas, encontrará con asombro cómo creará su propia guía para llevar con claridad su comunicación.

Este sistema le permitirá espacio para iniciar la charla con un caso muy vivencial, una frase divertida o alguna dinámica.

2. Lenguaje sencillo

La sencillez es una virtud de los grandes. Los expositores y oradores que logran efectos mayores son muy sencillos en el planteamiento de sus ideas.

Para mí, sencillez es igual a madurez. Porque cuando es inmadura la comunicación, la persona suele ser un poco extravagante, para llamar la atención.

Creo que, de alguna manera, sí logra llamar la atención, pero por la inmadurez y la extravagancia; no por las ideas ni por sus conceptos.

Cuando logra esta habilidad, permite que las ideas brillen con luz propia. Que los conceptos sean centrales y adquieran mayor relevancia, a partir de lo sencillo.

Siempre recuerdo la imagen del expresidente de España, Felipe González, durante un evento que se realizó en Bogotá, sobre el neoliberalismo.

Fue organizado por la Universidad de Los Andes, la firma LEGIS y otras entidades que unidas organizaron uno de los eventos de reflexión más importantes de los últimos años en el país.

Recuerdo que esa tarde, antes de que comenzara su participación, el expresidente Felipe González, todos los políticos y catedráticos importantes y famosos que hablaron antes de él dijeron discursos relevantes, recargados de saludos formales, protocolo y etiqueta rigurosa.

Era muy imponente escuchar a cada uno de ellos saludar al auditorio con extraordinaria reverencia y referirse al expresidente González.

Utilizaron saludos impresionantes como: «Excelentísimo señor expresidente...», «Honorable presidente de la madre patria española...» y muchas otras frases sublimes que llevaron al auditorio a un tono muy alto de formalidad y ceremonia, que comenzó a generar alta tensión.

Parecía como si para hablar extendieran una elegante y clásica alfombra roja a los pies del expresidente Felipe González. O como si, cada vez que alguno lo fuera a presentar, sonaran las antiguas fanfarrias que anunciaban con trompetas a alguien de alta alcurnia.

De pronto, en un instante inolvidable, subió al encumbrado escenario el expresidente González, con su agradable mechón canoso.

Pero lo que más me impresionó de toda la escena, fue la forma tan sencilla que el personaje comenzó a hablar, en el tono más tranquilo, simple y no complicado que he escuchado en mi vida.

Con una informal chaqueta de gamuza en tono café y una camisa blanca de rayas azules, sin corbata, dijo con mucha propiedad una frase que dejó perplejo al público: «Yo no soy presidente». «Ni siquiera soy expresidente». «Apenas soy un "exjubilado" de expresidente»... Lo dijo en un simpático tono español no complicado.

En ese momento, el efecto de su sencillez en el auditorio fue impresionante. En el ambiente comenzó una agradable distensión.

Después de un silencio absoluto ante la sorpresiva frase que derritió el hielo y rompió el protocolo, la gente comenzó a sonreírse, a relajarse y a sentirse cómodos en sus sillas.

Luego, Felipe González dio una conferencia magistral sobre neoliberalismo que culminó con una ovación apoteósica. Creo que los mayores aplausos fueron causados por el agradecimiento del público a esa virtud de los grandes: la sencillez.

3. Lenguaje puntual

Llevar al auditorio, paso a paso, al centro del mensaje es lo que conforma la estructura del lenguaje puntual en la comunicación hablada.

Algunos lo llaman «ir al grano». Pero no es lo mismo. Porque ser puntual es poder hablar sobre un punto, luego otro y después el siguiente, como si estuviera marcando el paso, con un ritmo y una ilación perfectas. Hasta llegar al final de la conferencia o conversación.

Suena muy sencillo: lenguaje puntual es punto por punto. Pero no es tan fácil lograrlo en el momento del discurso. Porque casi siempre los que comunican un mensaje no son puntuales, sino que viven serios problemas de falta de ilación.

Al iniciar una idea, continúan con otra que no conecta, luego siguen con una que debería ser la última, y en el siguiente párrafo dicen lo que debería ser la primera frase. Es impresionante.

Para lograr el lenguaje puntual, son un recurso válido las viñetas (*bullets*), porque permiten resumir en puntos breves y concretos un tema. Pero como los *bullets* son un recurso propio de la herramienta virtual del PowerPoint, no se debe exagerar su utilización.

Ser puntual, más que usar viñetas, es lograr ir al punto de manera directa. Y mantener el hilo conductor de la conversación con un ritmo determinado y constante que lleva al auditorio a entender cada uno de los puntos clave de la conferencia.

Si se trata de una conversación informal entre amigos o compañeros de trabajo también es necesario utilizar el lenguaje puntual, ya que por falta de ser puntuales todas las conversaciones se convierten en espacios densos que no llevan a ningún punto especial. Todo da lo mismo.

El estilo puntual formula un concepto tras otro, como si se tratara de una clase de música en la que le enseñan a acompañar la canción con las palmas. Cada punto que usted trata tiene su justo lugar en la conversación. Cada aspecto que usted plantea es una tesis contundente.

Si practica el lenguaje puntual, pronto se dará cuenta de que sus ideas son como tesis de peso, que valen la pena escuchar. Pero si su lenguaje no es puntual, las ideas estarán perdidas, como enredadas en una madeja de lana apretada, a la que no se le encuentra el final de la pita.

Punto por punto, usted podrá además llevar de manera más firme su mensaje. Termina un punto. Continúa el otro. Sigue el próximo. Hasta llegar al final. Punto. Punto. Punto.

Claro, para ser puntual, no solo sirven las viñetas (*bullets*). Sirven demasiado los puntos. Si los introduce entre frase y frase, la gente lo leerá como una persona puntual. Que sabe lo que dice. Sin rodeos ni confusiones. Hasta el punto final.

Cuando uno trata de investigar o estudiar acerca de lo que significa «puntual», todo se refiere a la puntualidad; como la virtud de llegar a la hora exacta a una cita o evento.

El *Diccionario de la lengua española de la Real Academia Española* dice:

Puntual (Del lat. *punctum*, punto). 1. Pronto, diligente, exacto en hacer las cosas a su tiempo y sin dilatarlas. 2. Indubitable, cierto. 3. Conforme, conveniente, adecuado. 4. Que llega a un lugar o parte de él a la hora convenida. 5. Perteneciente o relativo al punto. 6. Que se considera como originado o situado en un punto.

El diccionario en línea WordReference.com dice:

Puntual. I. Que llega a tiempo y hace las cosas a tiempo; es muy puntual, siempre llega antes que el jefe. 2. Exacto, preciso. Informe puntual. 3. Que solo atañe a un determinado punto o aspecto: esto no es más que un dato puntual del que no se puede extraer ninguna conclusión.

Y podríamos ubicar varias definiciones de «puntual», pero no se encuentran datos que lo mencionen desde el lado del estilo o del lenguaje de la comunicación.

El lenguaje puntual en la comunicación no tiene que ver con llegar a tiempo, ni revisar solo un punto determinado, ni ser correcto... Lo que quiere decir, en comunicación hablada un lenguaje «puntual», es el estilo que va de manera directa a los asuntos que va a tratar el hablante.

Asunto tras asunto, sin rodeos. Así es el lenguaje puntual.

4. Lenguaje directo

Cuando una persona es muy directa para hablar a un público o grupo de personas, por lo general es tildado de grosero, antipático o prepotente.

Bueno, aunque en algunos casos eso es verdad, no lo es en todos. Se puede ser directo y amable o cálido. No debemos relacionar el hecho de ser directo en la comunicación hablada, con ser descortés, agresivo u ofensivo.

Por eso todas las personas al hablar, sobre todo en la cultura latina, inician sus mensajes con un montón de frases introductorias que pretenden matizar el tema, para que no suene tan ofensivo entrar de manera brusca.

Entonces sufren con el problema de tener que inventar una serie de estrategias iniciales para «romper el hielo». Por lo general, retardan mucho el impacto del mensaje principal.

Para explicarles un poco más este asunto de «romper el hielo», siempre pregunto a las personas en los diferentes públicos: «En mis talleres siempre digo que el hielo no se rompe... se derrite».

Ser directo implica ir en forma directa a lo que se quiere decir, sin torcer el rumbo del mensaje.

Así se logra llegar en forma rápida al resultado esperado. Pero sí y solo sí, ese lenguaje directo está acompañado de importantes dosis de amabilidad y calidez. Porque la habilidad de ser directo no puede reñir con principios y valores universales como el respeto.

Tenemos que desmontar el paradigma de creer que ser directo es ser demasiado franco, hasta grosero y ofensivo.

Si una persona defiende su sistema intolerante y grosero de hablar con la frase muy común «yo no tengo pelos en la lengua», le contesto: «Pues, por favor, póngaselos».

Porque con esa excusa se refiere a tener la habilidad de decirles a las personas todo lo que se le ocurra, piense o sienta, aunque sea hiriente y genere caos en las relaciones interpersonales.

El lenguaje directo sí es osado, lleno de coraje y valentía, pero no grosero ni maltratador. Eso es más bien entrar en un antivalor que debemos erradicar de la cultura organizacional y de las relaciones interpersonales en el mundo entero: la prepotencia.

Ser directo es ir de una vez a la necesidad del público, a lo que quiere escuchar, a los beneficios... Sin que lo mantengan por horas y horas a la espera de lo que en realidad quiere saber.

En la comunicación hablada, ser directo implica llegar al público oyente con el mensaje central en forma rápida, sin intermediarios, ni bloqueos, ni puntos intermedios. Es abordar el valor agregado en la primera fase de la conversación, no en el medio, ni al final. Son los resultados... ¡de una vez!

5. Lenguaje atractivo

Un lenguaje es atractivo cuando presenta muchos elementos que despiertan el interés y agrado del oyente. Cuando no es un plano, pesado, recargado y monótono ladrillo.

Es en esta virtud del lenguaje atractivo en la que se puede medir con mayor amplitud el alto impacto de un mensaje. Porque si no es atractivo, por más de que sea inteligente, podrá perder todas las posibilidades de ser efectivo. Es necesario incluir toques de gracia en cada palabra, en la actitud y también en la imagen personal.

Si lo que atraemos del público es el interés, es necesario saber cuál es ese interés que buscamos despertar. Porque hacia ese imán central vamos a atraerlo.

No se trata de la «la ley de la atracción», de la cual se ha hablado mucho en los últimos años.

La ley de la atracción afirma que podemos tener en nuestros pensamientos lo que queremos. Si los colocamos muy claro en nuestras mentes. Dice que las personas se convierten en aquello que más piensan, pero también atraen aquello en lo que más piensan.

Eso es algo muy diferente al concepto del lenguaje de la atracción, para la comunicación efectiva. Consiste en atraer a las personas hacia el mensaje, por medio de elementos interesantes, dinámicos, vivenciales, que persuadan de manera irresistible.

Por ejemplo, si usted va a hablar acerca de un programa de transformación en una empresa, sobre liderazgo de influencia, lo mejor es que hable de asuntos que tengan que ver con el «ADN» de la entidad, y no con los términos más técnicos posibles sobre la gestión del cambio.

Por ejemplo, si se trata de una entidad como Siemens, y voy a dar una conferencia al área de Siemens Manufacturing, no hablo de los tecnicismos más difíciles sobre lo que implica ser un líder situacional.

Incluyo elementos atractivos con nombre propio como: «Soy Mejor»..., que enfaticen en la S y la M de Siemens Manufacturing... y dirijo al auditorio hacia ese concepto, como si fuera un hilo conductor en todo el programa y en toda la comunicación. Hasta que se convierta en un lema de vida.

Si voy a hablar a un grupo del área de administración de Baker & McKenzie sobre habilidades de liderazgo, llamo el programa Best Moment! con énfasis en las letras B/M de la empresa. De esa manera consigo no solo un lenguaje atractivo, sino mayores resultados en el proceso.

Muchos elementos de las presentaciones, conferencias, informes, charlas o clases, no son nada atractivos. Como por ejemplo: los cuadros pesados en Excel, con letra en tamaño punto 12, que nadie alcanza a leer desde lejos en el auditorio.

Otro de los elementos poco atractivos son los excesos de cuadros, gráficos, tortas y supertortas pesadas. En algunos casos puntuales son importantes y útiles. Pero la mayoría de las veces son sobrecargadas y excesivas. Por el complejo de «rellenar» que padecen la mayoría de los presentadores. Pretenden convencer de que trabajaron o investigaron mucho, a punta de excesos.

Para ser atractivo con las presentaciones en video, es necesario eliminar elementos que las vuelven insoportables y pesadas.

La ley del minimalismo que dice «Menos es más» opera como un factor determinante para lograr ser atractivo, ya que el minimalismo es una tendencia de la arquitectura caracterizada por la extrema simplicidad de sus formas. Surgió en Nueva York, a finales de los años sesenta.

Es la tendencia que hoy se aplica a todas las líneas de la moda, los diseños de espacios interiores y a las construcciones. Es pasar a las salas limpias, con un sofá, un solo cuadro, el piso liso en madera. Sin recarga de adornos, alfombras, lámparas, cortinas con arandelas, muebles recamados, tapetes estampados...

En las tendencias de la moda todo funciona hoy desde lo simple, sin exageraciones. También en el maquillaje, cada vez es más fresco, simple y sin líneas ni colores pesados.

Pues si esa es la tendencia, debemos aplicarla también a la comunicación, no solo escrita, sino también hablada. Porque solo con menos elementos en el discurso, usted podrá ser más atractivo.

Quiere decir que el significado de «atractivo» en la comunicación está revaluado. Porque antes se hablaba de atractivo cuando algo llamaba demasiado la atención por sus esfuerzos de agradar con muchos elementos, colores, ruidos, adornos y arandelas.

Hoy llama la atención lo más simple. Hasta llegar al punto de no solo ser atractivo, sino de haberse convertido en el valor más atrayente de todos: «el de lo simple».

Como en el Helm Bank, antes Banco de Crédito, con su extraordinario cambio que ha exaltado el valor de los sentidos y ha logrado ser demasiado atractivo a todas las personas en Colombia.

Con sus nuevos tonos y el olor a naranjas al entrar, la música relajante, las botellas de agua fresca a la entrada... es un impacto a los sentidos. Sensacional.

Es un ejemplo perfecto de cómo ser atractivo, a partir de los sentidos. Desde «el valor de lo simple». Sin largas filas, ni procedimientos difíciles, que enloquecen a los clientes. «El valor de lo simple» hizo que todo cambiara en el Grupo Helm. ¡Felicitaciones! Es la mejor forma de ser atractivos.

6. Lenguaje sugestivo

Cuando el lenguaje no sugiere, sino que impone, baja su nivel de conexión en la comunicación hablada.

Me preocupa ver cómo las personas entran a las salas de conferencias a dirigirse a un auditorio, con reglas y leyes impositivas sobre todo lo que tienen que hacer y lo que *no* pueden hacer.

Ni siquiera los saludan, no les dan la bienvenida, sino que de una vez les advierten todo lo que implica participar en ese seminario o conferencia. Enseguida las personas comienzan a sentirse incómodas y hasta aburridas, desde antes de comenzar, por el lenguaje impositivo y policivo de los «anfitriones».

También puedo ver con agrado el efecto de una sonrisa en un auditorio. De la gentileza en el lenguaje de una persona que sugiere lo que se podría hacer y no impone lo que se tiene que hacer.

Eso en lo que se refiere al inicio y al protocolo de saludo de bienvenida. Pero algo mucho peor pasa cuando el orador, encargado de la presentación, incluye en cada frase intermedia términos como: «Quiero que saquen una hoja», o «Usted tiene que saber cómo se consigue» o «Para conseguir aquello, se debe hacer lo otro».

La llamada comunicación propositiva no siempre propone. Pero, sobre todo, propone desde lo positivo. Y entiende el valor de hablar desde lo positivo.

La comunicación sugerida, o sugestiva, les dice a las personas los beneficios de las buenas prácticas en algún área. La impositiva, le recalca los problemas qué puede llegar a obtener si no las ejercita.

Es justo el mensaje de «ver el vaso medio lleno... o medio vacío». Es la persona que habla de todos los riesgos, pero nunca de los beneficios. Y que para explicar la forma como se pueden enfrentar los riesgos, utiliza fórmulas rígidas y de regaño, más que de motivación hacia el cambio y el mejoramiento.

Me gusta como lo comenzaron a plantear los gerentes de la vicepresidencia de auditoría de Bancolombia: «Oportunidades de mejora».

Y no «debilidades que se tienen que corregir». Esa es la gran diferencia. El lenguaje impositivo dice lo que «se tiene» o «se debe» hacer. Y el sugerido dice el valor agregado de lo que se podría hacer, con la ayuda de todos en el equipo». Muy diferente.

El lenguaje que sugiere guarda los niveles de respeto hacia el criterio de las personas. Permite la pluralidad y busca siempre el cambio hacia lo positivo, no lo negativo.

Mi sugerencia: evite las frases duras, policivas, represivas. Prefiera los mensajes que promuevan el cambio, a partir de lo positivo. Sugiera, no imponga.

Es como decirle a la hija adolescente: «Tienes que organizar tu cuarto». O utilizar el mejor modo sugestivo para decirle: «Si organizas tu habitación, te verás más linda todavía».

Sin lugar a dudas creo que, de los dos, el que va a funcionar, por lo menos con mi hijita, será el lenguaje sugestivo.

Bueno, el impositivo da resultados, pero forzados. Mientras que el sugestivo deja una enseñanza, permite reflexionar e impulsa a plantear nuevas metas en el corazón de las personas.

7. Lenguaje contundente

Ser contundente al hablar implica dejar la evidencia absoluta de que es un mensaje determinado, que produce resultados en la convicción total de quienes le escuchan. No admite discusión.

Se habla, por ejemplo, de «presentar pruebas contundentes en un juicio». Quien es contundente en la expresión oral, muestra un nivel tan alto de convicción que no deja lugar a la discusión. Es el mensaje de indiscutibles resultados.

He escuchado personas así en los escenarios y también en las salas de juntas. Incluso en los espacios comunicacionales informales. Y créame que los resultados son de verdad contundentes. Casi que asombrosos.

Si analizamos cuáles son los factores diferenciales de los que comunican en forma contundente, podríamos mencionar varios elementos básicos.

En la forma: su estilo de seguridad, aplomo, conexión directa con la mirada, presencia de ánimo en la voz, frases sin rodeos ni titubeos.

En el fondo: conceptos claros, definidos. Frases poderosas. Cada una de ellas es una tesis radical, asertiva.

Siempre añade un valor agregado a su mensaje. Y, al concluir, muestra resultados de aprendizaje y transformación en las personas que lo escuchan con especial detenimiento y agrado.

La contundencia es, para mí, el pico más alto en la pirámide de las virtudes de la expresión oral. Si no está implícita en todo lo que decimos y transmitimos, debemos revisar nuestros niveles de asertividad (lenguaje afirmativo) y persuasión (lenguaje convincente).

Quien cuenta con el alto nivel de la comunicación contundente produce efecto en su auditorio, aunque sea una sola persona, en medio de charlas amigables, sencillas; es reconocido por todos no solo como un comunicador efectivo. Porque muchos ya son efectivos, eficientes y eficaces. Aquí el tema es que, quien aplica la contundencia, es un comunicador, un líder, de alto impacto.

Logran el efecto en las personas que en el lenguaje de redes sociales como Facebook o Twitter podría describirse así: ¡uaoo!

CAPÍTULO 2

¿POR QUÉ «COMUNICACIÓN INTELIGENTE»? PARALELO ENTRE INFORMACIÓN Y COMUNICACIÓN

LA INFORMACIÓN

- Rellena
- Indica
- Satura
- Se olvida
- Se cae

LA COMUNICACIÓN

- Transmite
- Trasciende
- Transforma
- Deja huella
- ¡Impacta!

LO QUE VEMOS EN TODOS LOS ÁMBITOS PROFESIONALES, ACADÉMICOS, científicos, tecnológicos, jurídicos... de la comunicación hablada es que las personas por lo general no comunican un concepto propio, ni trascienden a través de un mensaje que impacte la vida del auditorio. Que deje huellas imborrables.

En la cotidianeidad de los mensajes lo que se percibe es un marasmo total de la comunicación. Es decir, la apatía, el desgano, la inercia, que termina por convertirse en pura información, pero que no genera una comunicación de alto impacto.

Los términos como inspiración, ingenio o creatividad parece que estuvieran vetados en las comunicaciones del diario acontecer profesional.

Por eso creo que es urgente sensibilizar y concientizar a las personas encargadas de transmitir mensajes en todos los espacios, desde la escuela primaria hasta el doctorado, desde el nivel más básico hasta el más alto de la empresa, para que comiencen a percibir la comunicación hablada como una oportunidad para trascender.

Como una herramienta poderosa para ir más allá de la información y entrar en el nivel de la transformación. Para lograrlo, lo primero que necesitamos es entender que existe una gran diferencia entre informar y comunicar.

El que informa solo se limita a pasar unos datos, un conocimiento, o a mostrar las fases planas de un proceso. Sin más. Se encuentran en este nivel los que son eficientes, hacen bien la tarea, pero no les interesa generar ningún impacto, más allá de lo que tienen que hacer y cumplir. No está mal. Pero podrían ir mucho más allá.

El que comunica va mucho más allá de la información pura. Generar reflexión en el auditorio con su mensaje marca a las personas, de tal manera que todos terminan por decir: «O sea que...» y por lo general asumen una postura ante el mensaje y luego quedan influenciados hacia una necesidad de cambio, transformación, crecimiento o mejoramiento continuo. Quedan marcados.

Para entenderlo un poco más, podemos mirarlo en un paralelo, donde se ven las diferencias claras entre el simple acto de informar y el profundo oficio de comunicar. Ver figura I.

Información	Comunicación
Rellena	Transmite
Indica	Trasciende
Satura	Transforma
Se olvida	Deja huella
Se cae	¡Impacta!

Figura 1: Paralelo entre información y comunicación

Analicemos cada una de ellas.

La información

Rellena

El síndrome del «relleno» se vive en el día a día de la comunicación empresarial y universitaria. Desde la misma academia nos inculcaron este terrible vicio de atiborrar de información un mensaje para que nos crean.

Por eso las presentaciones suelen ser tan pesadas, porque cuando las personas las preparan, las repletan de información, hasta saturarlas. Piensan que, entre más las abarroten de contenidos e información, más les creerán que «hicieron la tarea».

Indica

Una comunicación hablada que se encuentra en el lado de la simple información, solo se dedica a «indicar» cada uno de los puntos de la charla, sin ningún nivel de reflexión, trascendencia o valor agregado.

No produce ningún nivel de impacto en la sensibilidad o la conciencia del auditorio. Se limita a enumerar cada uno de los aspectos del producto, como si fuera una lección rígida y aprendida de memoria.

Satura

En ese fallido interno por rellenar de información que solo indica los productos, el efecto final es la sobresaturación del público, que termina por sentirse agredido por tanta información.

Se satura el auditorio y la capacidad de recibir datos técnicos. Se excede el tiempo, el ambiente, la capacidad de atención de los oyentes... ¡todo!

Porque el efecto de tanta información es la saturación y, como consecuencia, la pérdida del público.

Se olvida

Por lo general, cuando la persona está sobre informada, al final no le queda nada.

A veces pueden quedar hasta muy descrestados con la capacidad del presentador, o comunicador, ya que informó muchas cosas interesantes y sabía mucho del tema. Dicen «extraordinario» y salen emocionados del salón. Pero si se les pregunta qué recuerdan dicen: «Pues... la verdad... nada».

Se cae

Si del mensaje informado no queda ningún recuerdo, si las personas no se llevan puesto el mensaje para la vida, la verdad es que no pasa de ser una simple información que se cae. Y no pasa nada. Solo eso; se cae.

Quiere decir que si las personas no retienen la comunicación, ni están dispuestas a aplicar lo que recibieron, la información se cayó y las buenas intenciones del informador serán infructuosas.

No pasará de ser más que un informador, que no genera criterio, ni impacta vidas.

La comunicación

Transmite

Cuando el mensaje es mucho más que pura información y entra en la dimensión de la comunicación, entonces se habla de que esa persona «transmite» algo. Puede ser pasión, calidez, energía, confianza, seguridad... algo mucho más allá del mensaje informativo.

Más allá de los contenidos aprendidos de memoria, desde el saber, el comunicador transmite algo a partir de su ser. Desde la esencia misma de lo que él es.

Transmite un propósito claro. Muestra que sabe para dónde va y permite ver a las personas que su mensaje promueve un nivel mucho más alto de intencionalidad. Construye, edifica, promueve lo mejor.

Trasciende

Una persona que intenta ir mucho más allá de la información y traspasar las barreras de la comunicación tiene clara en su corazón y en su mente la decisión de querer trascender. Siempre va más allá.

La trascendencia de un buen comunicador siempre está dirigida a las personas. No a la productividad ni a la rentabilidad. Porque, a través de su expresión, trasciende en la conciencia y en la sensibilidad de las personas del público. Al final, el impacto se siente en el negocio.

Siento que trasciendo, cada día, por medio de cada una de las personas entrenadas en las empresas y universidades. Estoy segura de que el efecto multiplicador de la comunicación inteligente, la calidez, la alegría, el cambio cultural, la sensibilización de los valores, va mucho más allá de la información.

Transforma

El resultado es la formación y, aún más, la transformación de las personas y las entidades. Permite que los paradigmas se rompan y los principios sean interiorizados de tal manera que el mensaje puede traspasar más allá de las dos, cuatro, ocho horas de información en un lindo y sofisticado salón de entrenamiento y transmisión de información.

Cuando logro que mi mensaje sea mucho más que información y se convierta en una comunicación que trasciende, es probable que me encuentre con una persona que recibió una capacitación o conferencia hasta cinco años después en un ascensor, y me dice con alegría: «Recuerdo lo que usted me habló acerca de...» y menciona una de las claves que menciono en los talleres.

Deja huella

La comunicación deja huella cuando sirve más allá de su rol de trabajo en una empresa o entidad. Eso implica que todo lo que uno hable debe incluir componentes vivenciales, experienciales.

No importa cuál sea el tema o el mensaje que se transmita. Cualquiera que sea el mensaje, puede dejar una impresión en las vidas de la gente, si cuenta con tres componentes clave: I. Ser práctico (útil). 2. Ser vivencial (aplicable a la vida). 3. Ser sencillo (sin complicaciones).

No dejan huella las frases complicadas. Porque son muy pesadas. Sobrepasan la capacidad de impacto. El rastro se pierde. El entendimiento no logra asimilarlas ni digerirlas. Es por eso que los grandes oradores y pensadores de toda la historia han impactado por dos factores determinantes en su discurso: sencillo, pero profundo. Si se logran esos dos factores juntos, la huella será imborrable. Única. Inolvidable. Más que huella, será una marca en las vidas de los oyentes.

¡Impacta!

Impactar no es hacer un show para que el público quede muy impresionado y agradado. Con gritos, movimientos bruscos, palabras estridentes. Con ropa exagerada en colores, formas y estampados.

Impactar en comunicación no es tampoco sobredimensionar una verdad ni sobrecargar la tarea para que le crean que trabajó mucho. De esa manera usted puede hasta mover las emociones y las fibras de los sentidos en forma pasajera. Pero no impactar.

Con impacto me refiero a impactar los resultados del negocio, cualquiera que este sea. Una comunicación de alto impacto se nota, al final, en el crecimiento, la rentabilidad, el mejoramiento continuo, el desarrollo sostenible.

Ese es el impacto que queremos. Líderes que impacten el país, el continente, el mundo entero, con su comunicación trascendente. No con sus habilidades histriónicas para actuar en el escenario con mucha vehemencia y energía.

No se trata de que sea motivador, sino transformador, que impacte los indicadores de gestión de una compañía. Que si le habla a su familia, logre impactarla con las cosas más sencillas que diga.

Mi padre murió hace quince años, pero mis hermanos y yo todavía mencionamos en las reuniones todas las cosas inteligentes y sensibles que nos decía en la mesa del comedor. Inolvidables son sus conversaciones, sus historias. Esa sí que fue una comunicación de alto impacto.

Aunque no sea un «negocio» empresarial, impactar a la familia con una comunicación trascendente puede alcanzar a todas las siguientes generaciones de nietos y bisnietos. Con principios y valores que dejarán un impacto en la sociedad. Y ese sí que es un resultado de alto impacto.

Hasta un ateo reconoce el impacto de un orador como Jesús. Cada frase que dijo a las multitudes, o a sus discípulos, al trasegar por los caminos polvorientos, logró impactar a tal nivel las vidas de sus oyentes que hasta el día de hoy trascienden sus palabras.

El impacto es tan alto que por eso dice en la Escritura: «El cielo y tierra pasarán, pero tus palabras no pasarán».

CAPÍTULO 3

EL CONTENIDO Y EL TEMA: CÓMO ORDENAR LAS IDEAS PARA UNA PRESENTACIÓN

LA PREPARACIÓN PREVIA AL MENSAJE

CLAVES PARA ESTRUCTURAR SUS MENSAJES ORALES Y FLUIR SIN PROBLEMAS EN LA EXPRESIÓN ORAL

- Clave 1: realice un mapa de ideas
- Clave 2: enfóquese
- Clave 3: priorice
- Clave 4: redireccione

CUANDO ALGUIEN TIENE UNA PRESENTACIÓN DE SU MENSAJE PARA LA próxima semana, sufre un estrés muy alto antes de comenzar. Piensa durante muchas horas, a veces con ansiedad, todo lo que puede suceder cuando tenga que enfrentar esa realidad de su exposición al público.

Por eso la preparación previa al mensaje es de suma importancia. Aquí le daré unas claves útiles y sencillas para estructurar sus mensajes y fluir sin problemas en la expresión oral.

Clave 1: haga un mapa de ideas

Antes que nada, por favor, asegúrese de no hablar en ningún escenario sin tener claro primero un mapa de ideas. Lleve una guía mínima, sencilla y clara, en su bolsillo, o en la cartera, o en un papel, para colocarlo en una esquina de la mesa.

Me impresiona ver cómo tantas personas salen al centro de sus exposiciones con la cabeza en blanco, bloqueados, sin tener ni idea de lo que van a decir.

Por eso emiten más de cinco muletillas por frase. Eeeeeeeee... eso es lo que más se les escucha decir, porque el pánico no los deja decir nada más. Por eso necesitan con urgencia ese mapa de ideas que les ayudará en medio de semejante angustia.

Si se encuentra, por ejemplo, en una mesa de negocios, o en una junta directiva, en la que cada persona participante debe decir sus conceptos acerca de algún tema, antes de hablar, escriba el mapa de las ideas que va a decir.

De esa manera, cuando le toque su turno, aunque esté temblando de pánico, usted se verá seguro y claro, porque lleva las ideas en perfecta ilación.

El que no sabe para dónde va, cualquier transmilenio [bus colombiano] le sirve. Por eso es necesario que usted sepa cuál es la ruta, para que no se desvíe del propósito del mensaje y comience a confundirse y a confundir a quienes lo oyen.

La clave número I es: ubíquese. Tenga claro para dónde va. No inicie ninguna comunicación hablada si antes no ha ordenado sus ideas, de manera práctica y contundente.

Clave 2: enfóquese

La segunda cosa que usted necesita realizar es un enfoque muy claro del concepto central que quiere transmitir.

Por eso es necesario que, antes de comenzar a hablar, usted haya realizado un ejercicio previo, por medio del cual se enfoca en el punto central del mensaje, no anda por los contornos. De esta forma su mensaje será nítido y claro.

Enfocarse permite que el mensaje sea asertivo. Porque una persona que sabe cuál es el propósito central de su mensaje, conoce el valor del enfoque en las prioridades.

Por ejemplo, el verdadero enfoque, en medio de la presentación del informe de resultados, no es cuánto se esforzó usted, ni cuáles son los productos del banco. Ni siquiera es el beneficio de esos productos en lo que nos debemos concentrar.

Por eso el enfoque debe ser: la satisfacción del cliente. No la calidad de la entidad, ni su visión ni su misión.

Si el enfoque es el cliente, entonces toda su charla debe lograr un eje central en todas sus necesidades, gustos, intereses... No se enfoque en las cosas que usted quiere que sepan acerca de su servicio. Enfóquese en todo lo que el cliente quiere y espera de usted y de su producto.

Clave 3: priorice

La clave del 1, 2, 3 y la «ñapa», que mencionamos en el primer libro sobre comunicación escrita, funciona a la perfección para la comunicación hablada. Y hasta más.

En un noticiero en Colombia, dirigido por Yamid Amad, un genio del periodismo y la comunicación, uno de los espacios más queridos por la gente es el de una sección llamada «1, 2, 3 y la ñapa». Donde una hermosa presentadora dice en forma puntual cuáles son los avances del mundo político en el país.

Yo diría que, aunque no todas las presentaciones gerenciales pueden llevar este ritmo, puede ser utilizado en millones de espacios.

Clave 4: redireccione

Para lograr un ordenamiento de ideas contundente, asertivo y persuasivo es necesario cambiar el viejo formato de la comunicación en espiral. Usted necesita redireccionar su discurso. Y hasta la más sencilla conversación cotidiana.

Comenzamos a hablar de un tema, le damos vueltas y vueltas, giramos alrededor de él, desde la historia más primitiva, pasando por las cifras, los cuadros, las gráficas pesadas, los hipervínculos, los discursos largos y densos...

Hablamos de todo. La visión, la misión, los valores, los objetivos, los mapas donde funcionamos, la lista larga de productos y beneficios... hasta llegar a una conclusión en la que decimos: «Por todo lo anterior...».

Es entonces cuando, después de una hora de una larga y pesada presentación, ¡por fin! decimos lo que de verdad hemos debido decir desde la primera frase. Directo.

Por eso la clave de la «Pirámide invertida» funciona de manera perfecta también para la comunicación hablada efectiva.

De lo principal a lo secundario. Pero debe saber que lo principal siempre es la necesidad de su auditorio. Luego los beneficios. Y después el valor agregado. Para dejar por último el producto.

Y si quieren más información, les envía los adjuntos: 1, 2, 3, 4, 5. Todos los que quieran. ¿Un secreto?... casi nunca los van a leer. Pero usted los envía para demostrar que hizo bien la tarea.

CAPÍTULO 4

CALIDEZ, EL PRIMER FACTOR CLAVE DE LA COMUNICACIÓN

LA CALIDEZ ES EL FACTOR QUE DETERMINA UN MENSAJE CERCANO Y amigable. Es otra habilidad sin la que la comunicación no pasa de ser un mensaje frío, o apenas tibio. Impasable.

Mientras que la pasión tiene que ver con el nivel de intensidad y energía que se le imprima a la conferencia, charla o capacitación que usted presente, la calidez tiene que ver con el «clima» generado alrededor de la comunicación.

Es la «temperatura» ambiente que se logra con la agilidad de instalar una especie de chimenea delicada en el escenario de un salón rodeado de frialdad técnica, organizacional o académica.

La calidez no implica que se convierta en un hipermotivador que siempre grita: ¡actitud megapositiva!, para que todo el mundo se comience a sentir impulsado por su afán de energizar el ambiente.

Siempre recuerdo la película *La sociedad de los poetas muertos*, basada en un impecable guion de Tom Schulman, ganador del Oscar. Expone el despertar adolescente al placer del lenguaje poético, al romanticismo, la búsqueda de la identidad y la canalización de las posibilidades vocacionales.

Me impactó demasiado la forma como los estudiantes aplaudieron al profesor, subidos sobre las sillas de su salón de clase.

Impresionante como un maestro asertivo, puede llegar a convencer a un grupo de estudiantes, para que sientan y vivan con extrema calidez el mundo a veces distante de la cátedra de literatura.

No importa el tema. La calidez es útil para usted. Porque así como existen comunicadores de temas duros y álgidos, que se presentan muy cálidos en la expresión, también hay comunicadores que transmiten con un estilo casi congelado, un tema que es por naturaleza «cálido».

Participé en un proceso de aprendizaje sobre el valor de la calidez en Avianca, la importante empresa de aviación colombiana, al lado de Nayib Vallejo, uno de los mejores consultores de valores en el país. Mi tema era la comunicación.

Todo lo que sucedió allí, entre las casi mil quinientas personas entrenadas, grupo tras grupo, semana tras semana, fue extraordinario. La transformación de la cultura de la comunicación hablada y escrita, comenzó a verse en todos los procesos.

Por esos días, Juan Gossaín, el periodista número uno de la radio en Colombia, director de Noticias RCN Radio, dijo en su influyente mensaje al país, acerca de Avianca: «Aquí están pasando cosas...».

Porque si algo comienza a notarse en el proceso de cambio y transformación de la cultura de la comunicación y los valores de una entidad es la calidez.

Cambiamos los formatos comunes y rígidos de la comunicación, escrita y hablada, por otros más amigables, cercanos, sencillos, que permitieran a las personas sentirse en un ambiente más agradable y ameno.

Nada peor que la azafata de un avión cuando habla por el altavoz y comienza a decir de memoria, de la manera más fría y cansona posible, el mensaje acerca de la seguridad a los pasajeros.

Así mismo, nada mejor que una sobrecargo de una aerolínea, que abriga con sus frases a la tripulación y a todos los pasajeros, porque su tono cálido produce una sensación de bienestar, muy confortable y placentera.

Quiere decir que, para lograr la calidez, es necesario salirse de las recitaciones y retahílas memorizadas, con una lectura plana y sin conexión emocional, y entrar en la dimensión de la amabilidad, gentileza y cordialidad apacible.

La calidez en la voz y el mensaje de la azafata, hará que los viajeros sientan que se encuentran en la mejor línea aérea del mundo. La calidez es el servicio al cliente, es la imagen de la entidad.

La calidez es el sello de alto nivel de un buen presentador. La persona que la posee como valor, como parte de su estilo, logra estándares de comunicación muy altos. Más allá del conocimiento. Mucho más allá de la presentación misma.

Por eso lo animo a que, cuando tenga una presentación obligada, que le genere mucho estrés y presión, desde varias semanas antes de la fecha asignada, no se enfoque tanto en lo que va a decir, sino en cómo lo va a decir.

Seguro que usted se sabe muy bien el tema, puesto que es especialista en el contenido de su presentación. Pero de lo que no estoy muy segura es de que conozca el valor de la calidez, para lograr el ambiente y clima propicio para su charla.

Cuando ya esté en el escenario y comience la conferencia o la presentación del informe, no se asuste con el «qué» voy a decir... empiece a generar un ambiente de calidez apropiado, desde los primeros diez minutos.

Luego, todo lo demás llegará al entendimiento de las personas con facilidad. Y usted se convertirá en un conferencista muy persuasivo, porque logró el clima ideal para el escenario de su mensaje.

La calidez es un valor que tiene que ver con la fórmula:

AFECTO = EFECTO

Es decir, el efecto que produce una actitud de afecto y amabilidad dentro del escenario, o dentro de la comunicación interpersonal uno a uno, o en la dirección y liderazgo de grupos, es impresionante. Es el efecto de la calidez en las relaciones interpersonales.

Son muy pocas cosas las que una persona que practica la calidez con su audiencia no puede lograr. El efecto del afecto es mucho más contundente que el de cualquier método de persuasión existente.

Es lo que podemos llamar también «Comunicación propositiva». Donde no existe el viejo truco de Calígula cuando decía: «Que me odien, con tal de que me teman». No, no, no. En la comunicación propositiva todo es calidez. Es decir, positivismo puro.

Si usted está en esa línea de pensamiento aún, debe comenzar a romper el paradigma de la rigidez. Por encima de todo.

La calidez tiene que ver también con el «color» de su mensaje. Se sabe que los colores cálidos son aquellos que están en la línea de los dorados, amarillos, naranjas y rojos... ¡me encantan! Amo el amarillo. Porque es el tono de mi temperamento cálido, sanguíneo, efusivo, extrovertido.

Recuerdo que cuando era adolescente y me vestía de amarillo, mi papá me recordaba el refrán: «La que de amarillo se viste, en su belleza confía» (o a su belleza se atiene, dicen otros).

Pues bien, aún aplico amarillos y naranjas no solo en algunas piezas de mi ropero, sino en la decoración de mi casa. ¡Fabuloso!

Nada mejor que una sala minimalista, con tonos básicos café y blanco. Y en la pared, majestuosa, suntuosa, una maravillosa obra de arte en tonos cálidos. O unos cojines de tonos fuertes, sobre un sofá negro, blanco o café.

Y lo mejor, he aprendido a mantener un justo equilibrio entre los tonos cálidos y los sobrios. De esa manera me conecto con la esencia de mi temperamento, de mi estilo, y permito que la calidez sea siempre parte de la escena.

En este caso, el paradigma que un presentador o comunicador debe romper es pensar que para ser creíble y confiable, debe verse en tonos grises. ¡No, no, no!

Las tonalidades cálidas que usted le aplique a su ropero, a su casa o a sus mensajes hablados, serán el matiz perfecto para aplicar elementos que persuadan al auditorio a enfocarse en un mensaje atractivo y de alto impacto.

Sin color, la comunicación no pasará de ser una paleta de tonos en blanco y negro, que no deja ningún efecto en las personas que le escuchan.

Con calidez en su comunicación, la gente verá una gama completa de colores imaginarios en cada una de sus frases. Y usted empezará a jugar, como un hábil artista de la expresión, con las pinceladas mágicas de la calidez. Pintará su mensaje de amarillos, rojos, naranjas y dorados. Y la gente saldrá salpicada de alegría y felicidad.

La calidez es el clima. También el color. Por eso sin ella, no hay comunicación. Tan solo información en gélidos, oscuros y tristes tonos grises.

¡Pinte de colores su comunicación! ¡Brille!... y encontrará entonces el resultado innovador de una nueva dimensión de sus mensajes hablados.

Como en todas las otras habilidades, debe cuidar el equilibrio. Si no cuida los excesos de calidez, puede ser contraproducente. Nada más fastidioso que un charlatán sobreactuando, que ya no es cálido, sino quemado. Produce fastidio y efecto de rechazo en las personas. Además, se verá poco confiable.

La calidez es todo un arte. Debe fluir con naturalidad y sin exageraciones. Debe ser sobria y confiable. Un clima perfecto. Ni caliente, ni frío, ni tibio.

La calidez es la temperatura ideal. Es la primavera eterna y perfecta del mensaje. Es el punto de la comunicación donde todo el mundo se siente a gusto, a partir de su mensaje serio pero amable, directo pero tranquilo, profundo, pero sencillo.

La calidez produce un clima templado en el que todas las ideas florecen llenas de colores y el ingenio da sus mejores y más jugosos frutos.

En servicio al cliente, por ejemplo, una de las vicepresidencias clave para las entidades, otra de las áreas en las que soy consultora empresarial en comunicación, siempre enfatizo la importancia de guardar el equilibrio entre: calidez y calidad.

El asunto es encontrar el punto óptimo entre calidez y calidad. Al mismo tiempo que se consigue la amabilidad, es necesario trabajar la excelencia de la comunicación en el servicio. Es decir, no funciona lo uno sin lo otro.

Es necesario que la calidez esté respaldada por la calidad. Y que esta tenga un poderoso apoyo en aquella. Si se logran los dos valores, el cliente estará en verdad feliz y satisfecho.

Así mismo, la calidad no lo es todo. No se puede pasar por encima del afecto y la amabilidad con el cliente, solo porque lo único que nos importa es que todas las cosas funcionen a la perfección. A cualquier precio.

Entregar calidad óptima en procesos, productos o servicios, no le da derecho a ser hostil con la gente. Saber demasiado de un tema o una cátedra, no le da permiso para ser un genio prepotente o intimidante.

Este mismo principio se puede aplicar a todos los «clientes» de su comunicación diaria. Incluso a la pareja, a los hijos adolescentes o a la persona que lo atiende en la casa o la oficina con su trabajo humilde y sencillo, pero muy valioso para que usted pueda hacer posible su desempeño. ¡No los atropelle! Sea cálido, amable y gentil. Y disfrute del maravilloso efecto conseguido.

Recuerdo al presidente de BanSuperior en Colombia: Enrique de La Rosa, un barranquillero gentil y culto, reconocido por todo el edificio del banco por su calidez en las relaciones con los empleados.

Era impresionante verlo pasearse por los pasillos y ascensores de la entidad sin ninguna pretensión. Todos apreciaban y comentaban la forma cálida como se dirigía a cada persona, la saludaba de mano y le hablaba por su nombre propio.

Aunque los recursos audiovisuales son una ayuda importante, el factor para medir su calidez no es la cantidad de conocimiento, sino su actitud. En el clima del auditorio o de cualquier escenario de su comunicación, debe sentirse su disposición para escuchar, compartir y permitir la participación interactiva con su auditorio.

CAPÍTULO 5

PRESENTACIONES DE ALTO IMPACTO

LOS FACTORES QUE DETERMINAN EL IMPACTO

- Empatía
- Conexión

LO QUE CUENTA EN EL LIDERAZGO DE HOY, MÁS ALLÁ DE LA PREPARACIÓN, son aquellos factores que marcan la diferencia entre las personas, por su actitud.

Pueden contar con la misma preparación, pero lo que los diferencia son las habilidades empáticas. La capacidad de ser auténticos. Y sobre todo, la conexión y conectividad que le permite al comunicador «llegar». Ser amigable y cercano.

Entre más cercana y amigable sea la comunicación hablada, mayores serán los resultados en el auditorio o en las conversaciones personales. Las mejores prácticas comunicacionales las he visto en las entidades donde la cultura permite la cercanía y la calidez, como parte de la historia de la entidad.

Hay universidades de las cuales las personas egresan con una educación perfilada hacia la sociabilización con la gente. Por eso cuando llegan a las empresas a realizar sus prácticas o sus pasantías, consiguen escalar importantes cargos.

En cambio hay otras en las que parece que entrenaran para ser prepotentes, egocéntricos e «impotables». Por eso cuando se enfrentan a la hora de la verdad al salir a trabajar sufren mucho. Se pegan un fuerte golpe contra el difícil muro de contención del mundo empresarial.

Otra de las cosas que entorpece la comunicación sana es la actitud intimidante del participante en medio de un auditorio. O peor, la mala actitud del propio expositor. He visto gente muy altiva, obligada a bajar el tono de su arrogancia en la comunicación, a punta de fuertes golpes a su inmadurez emocional como oradores.

Pero también he visto a la gente menos esperada, llegar hasta los lugares de preeminencia como los más admirados, respetados y reconocidos por todos.

Eso se debe a que el nivel de su comunicación está ligado en forma estrecha a su capacidad de ser amigable, cercano y sencillo. Eso marcará todas las pautas entre usted y la gente que le rodea.

Empatía

Este es el principal factor que define el impacto de un comunicador. Supone la identificación social y afectiva de una persona con las necesidades de otra. Con sus estados de ánimo. Se le ha definido también en algunas esferas como la «inteligencia interpersonal». Me gusta mucho ese término. Ese concepto.

Implica un esfuerzo de comprensión hacia el otro, no es lo mismo que simpatía. Porque la empatía es un esfuerzo objetivo y racional por entender al prójimo.

Tampoco es una simple euforia emocional pasajera e inestable. Porque las personas empáticas siempre están dispuestas a comprender al otro. A «ponerse en sus zapatos» y dejar que pueda expresar sus ideas, sentimientos, pensamientos, hasta que se sienta de verdad valioso y comprometido.

El *Diccionario de la lengua española de la Real Academia Española* define empatía así: identificación mental y afectiva de un sujeto con el estado de ánimo de otro.

Es tratar de ponerse en el lugar del otro. Escucharlo, antes que hablar para ser escuchado, y reconocer sus propios sentimientos individuales.

Es la capacidad de una persona para experimentar la manera en que siente la otra y compartir sus sentimientos. Es tratar de entenderlo, tanto es sus tristezas como en sus alegrías y temores. Es pensar en lo que le motiva, en sus actitudes, capacidades.

Respeta la posición del otro, aunque no esté de acuerdo con sus pensamientos y posiciones frente a algún asunto. Por razones de educación, por cierta predisposición genética o por una simple condición hormonal.

Se cree que una persona tiene empatía cuando se conoce bien a sí misma o, lo que es lo mismo, ha desarrollado su inteligencia emocional siendo capaz de razonar, sentir e incluso evaluarse.

Conexión

Los estudiosos de este tema maravilloso de la comunicación para gente de influencia en diferentes públicos, que manejan a diario presentaciones y deben enfrentar auditorios, dicen con frecuencia que «sin conexión, no hay comunicación». Y estoy de acuerdo con eso.

La conexión con el público se logra por medio de la mirada. No hay duda. Esa es la puerta de entrada principal al alma de las personas.

La conexión es una especie de «clic» que se logra entre quien habla y el que está sentado para escucharlo.

Después de la mirada (que estudiaremos más adelante en el capítulo de expresión oral) el siguiente factor que permite la conexión en dirigirse a las personas por su nombre.

Por eso el recurso de escribir el nombre de cada uno en un paral frente a su puesto en la mesa, es extraordinario. Porque por lo general no es fácil para el presentador o consultor memorizar los nombres de todos los asistentes.

También se logra una conexión absoluta de los participantes con la sonrisa. Con las manos, con el movimiento tranquilo de los pies... ¡con la piel! Porque la conectividad en la comunicación se da por esa capacidad de «llegar» y conectarse con las personas, a partir de un demostrado interés por ellos.

La conexión se da también, por supuesto, cuando logramos encontrar temas que apasionan a las personas. Por eso escoger un buen tema es muy importante.

Pero eso sí, no lo tome como disculpa, cuando su tema sea un poco técnico, difícil y pesado y no logre la conexión. La culpa no es del tema. La responsabilidad de lograr que un argumento «yeso» (o duro) se vuelva divertido y logre la conectividad con la gente, depende de su habilidad para llegar y conectarse.

Por lo general, la conexión la logran aquellos que quieren «entrar» con fuerza en la escena cuando hablan. Es imposible que aquellos que se quedan «pegados» a la pared, a la mesa, a su propia presentación, al tablero o al rotafolio, logren conectarse.

Si usted quiere de manera resuelta alcanzar la conexión, entonces debe enfocarse en las personas y no en la presentación. O en la cantidad de material que va a darles, para demostrar que sabe o que es muy eficiente y trabajador.

La conexión la consiguen quienes se entregan al auditorio. Los que se involucran con las personas.

LA FORMA – EL MENSAJERO: «CÓMO LO DIGO»

CAPÍTULO 6

LA EXPRESIÓN ORAL Y LAS TÉCNICAS DE LA VOZ

CLAVES PARA LIDIAR CON LA VOZ EN FORMA APROPIADA

TÉCNICAS BÁSICAS DE LA LOCUCIÓN, APLICADAS EN LOS ESCENARIOS DE LOS PROFESIONALES: SALAS DE JUNTAS, AULAS, SALONES DE SEMINARIOS Y CONFERENCIAS

- Técnica 1: vocalización
- Técnica 2: respiración
- Técnica 3: impostación
- Técnica 4: volumen
- Técnica 5: tono

BUENO, DESPUÉS DE UNA SERIA JORNADA DE CONCIENTIZACIÓN ACERCA de todo lo relacionado con el fondo del mensaje, sobre cómo ordenar las ideas y presentar la estructura del tema, podemos entonces dedicar todo nuestro esfuerzo a una parte demasiado importante de la comunicación hablada: las técnicas vocales.

Cuando salí de la universidad tuve el gusto de estudiar en el Colegio Superior de Telecomunicaciones algo que me encantaba, como refuerzo a mi carrera de comunicadora: la locución para radio y televisión. Tuve como profesores a grandes maestros de los medios de comunicación en Colombia.

También en esa misma época de la salida de la universidad trabajé con el maestro de maestros de la radio en Colombia: Álvaro Castaño Castillo, en la emisora más culta del país: la HJCK.

Pero mi grave problema era ser apenas una niña y hablar como una consentida y «gomela», muy creída y antipática, que subía el tono de la voz, al estilo bogotano, como si estuviera haciendo una pregunta al final de cada frase.

Entendí que tenía una excelente voz, en tono contralto, pero que esa buena voz no serviría para nada si no la entrenaba con unas instrucciones básicas de locución.

Poco después de la radio HJCK ingresé a *El espectador* a dirigir la página cultural, por eso no continué en la radio. Pero me encantaba.

Lo grandioso de todo esto, es que cuando voy a las entidades a hablar acerca del manejo de la voz en diferentes escenarios, puedo utilizar todas las claves que aprendí acerca de las técnicas vocales.

Puedo además detectar con facilidad cuáles son los problemas que puede tener una persona cuando habla en público, o frente a un micrófono en la radio.

He detectado algunos puntos básicos como: la falta de vocalización moderna debido a la celeridad con que se habla. La mala respiración, por la falta de pausas adecuadas. La falta de impostación, para lograr un tono más agradable, el manejo del volumen, sea alto o bajo y el tono.

Técnica 1: vocalización

Me impresiona ver a algunos ejecutivos cuando hablan con el conocido arrastre de las palabras que hacen hoy los jóvenes cuando se comunican. Hay quienes lo llaman el acento «sparkis» porque se trata de hablar de una manera muy elitista, como con la lengua enredada y sin ninguna vocal audible. O más bien como si arrastraran las palabras. «O sea...».

Además de la falta de vocalización, la celeridad tan impresionante con que se expresan. Con una velocidad absurda, en el manejo de las frases, realizan una presentación en la que la audiencia debe esforzarse demasiado para lograr entenderles.

Me he encontrado con personas en las entidades del sector financiero, jóvenes ejecutivos de altos cargos, con serios problemas de comunicación, por la falta de vocalización y la celeridad de sus frases.

Uno de los gerentes de tecnología de un prestigioso banco me dijo desesperado, con un tono bastante «sparkis»: «Oye, Sonia, por favor ayúdame, porque tengo un problema muy serio. Resulta que hablo demasiado rápido y ya nadie me soporta. Mi novia me dejó, mi mamá me regaña todo el día y el psiquiatra al que acudí se aburrió porque no pudo arreglar el problema y se me volvió demasiado complejo. O sea... tú ¿me podrías ayudar?».

Bueno, pues iniciamos un programa de entrenamiento personalizado en expresión oral para este joven gerente. Se trataba de un profesional muy guapo, elegante, distinguido, de amables modales, pero con serios problemas de vocalización que le podían estropear su brillante carrera y afectar su inteligencia de ingeniero de sistemas.

Dedicamos largas jornadas a las dinámicas y adiestramientos especializados. Trabajamos con el lápiz en la boca, todos los adiestramientos para comenzar a vocalizar, con excelentes resultados.

Trabajamos frente a la cámara durante horas y horas el «antes y el después» de su comunicación y, al final, salió dichoso. Ahora su mamá habla feliz con él, consiguió una novia extraordinaria que le ayuda a desacelerar las frases cuando se le olvida e intenta devolverse.

Pero lo más importante fue el efecto en su propia imagen. Con el resultado de la vocalización en su discurso, todo cambió de manera impresionante. A partir de allí, comenzó a surgir mucho más en la empresa como líder.

Al punto que, poco tiempo después, lo llamaron de una compañía petrolera, lo ascendieron y comenzó a ganar mucho más. ¡Todo porque aprendió a vocalizar!

Es verdad. Las vocales —a, e, i, o, u— son una bendición en medio del discurso, cuando usted se encuentra muerto del pánico. Cuando comienza a vocalizar, adquiere tal seguridad ante el público, que usted mismo se sorprenderá.

Vocalice y se verá más claro, preciso, conciso, asertivo, persuasivo, seguro y muy efectivo.

No importa lo que diga, si vocaliza, conseguirá importantes resultados. Y logrará encontrar un punto central del cual agarrarse, en el momento en que tenga una presentación.

Siempre les digo a los participantes en mis talleres: «Digan: B-U-E-N-O-S D-Í-A-S, al comenzar una presentación, una junta o comité directivo». Y los resultados son excelentes. Las personas quedarán muy impresionadas con su presencia.

Y aunque ellos no sabrán de que se trata, usted y yo sabemos aquí entre nos, que el secreto estaba en la vocalización adecuada.

Técnica 2: respiración

Si además de hablar sin vocalizar y con una celeridad inadmisible, las personas no hacen las pausas necesarias entre las frases, para poder respirar en forma adecuada, entonces nos encontramos ante un síndrome de asfixia en cada presentación o charla.

Este es uno de los diagnósticos más generalizados cuando califico las debilidades de los ejecutivos. Porque resulta que el pánico escénico les hace hablar mucho más rápido y en forma ansiosa, al punto de que pierden por completo la noción de lo que dicen y llegan a un bloqueo definitivo de sus ideas.

A las personas que estudian canto, a los que bucean, a los que necesitan prácticas de relajación, les enseñan a respirar bien para que sepan llevar el aire al diafragma y que no saquen la voz por la garganta, porque además de que se oye muy feo, le afectará la voz y se dañará la presentación.

El ejercicio sobre respiración consiste en dejar llegar el aire directo hasta el diafragma. Que no se quede en los pulmones.

Respire profundo, con las manos puestas en el estómago alto, donde está el diafragma, debajo del pecho, y verá cómo sus manos se mueven cuando usted lleva el aire hasta allí.

Pero si respiramos mal, lo que se infla es el pecho y se suben los hombros, y el aire no sigue derecho hasta el centro de su ser. Y hasta que no logre llevarlo hasta allí, su aire no le acompañará ni treinta segundos.

En cambio, si lidia bien con el aire, desde el diafragma, entonces lo podrá acompañar por horas y horas, sin molestia, ni dolor de garganta, ni mareos.

En medio de las pausas, debe respirar. Y cuidado respira, llevar el aire al estómago, para que logre llegar al nivel en que lo necesitamos como consultor de su empresa, que sabe llevar valor agregado a partir de la respiración adecuada.

Si respiro bien y vocalizo, entonces ya tengo dos elementos fundamentales para verme mucho más seguro. También más cálidos y llenos de vida.

Técnica 3: impostación

Impostar la voz es colocar los órganos vocales de modo que el sonido se proyecte en forma más agradable. Que no suene muy chillona y estridente, ni muy grave y monótona.

Impostar es una técnica de la locución que permite transformar la voz en un sonido más agradable, suave, en el tono adecuado y el volumen ideal, según el auditorio.

Quien sabe impostar la voz, es escuchado sin temblores ni titubeos hasta la última fila del auditorio.

En la antigüedad esta técnica la practicaban los cantantes, actores, oradores y maestros para que el mensaje se oyera con claridad, así como para protegerlos del daño ocasionado por el uso constante.

Hoy el uso del micrófono facilitó la impostación. No se requiere de un manejo de la voz para grandes escenarios, por lo que la mayoría de las personas pueden hacer una exposición brillante sin necesidad de impostación vocal.

Los oradores y conferencistas que cultivan su voz suenan mucho mejor y además logran un mayor impacto en los resultados.

En mi estudio de locución para radio y televisión, aprendí con los mejores locutores del país a impostar la voz. Pude pasar de la voz de periodista consentida, a manejar las frases con propiedad y firmeza, a partir de una voz grave, madura, bien modulada.

Los ejercicios físicos de la voz le ayudarán a emplearla con habilidad. Así podrá sacarle más provecho en sus discursos y presentaciones. Sonará más vigorosa, equilibrada, agradable al oído y culta.

Si quiere comenzar ya los ejercicios, puede tomar una cámara de grabación o pararse frente al espejo. Lo que debe sentir es el cambio entre una frase dicha con entonación hacia arriba y comenzar a bajar los finales de cada palabra, de manera más serena y con un tono más grave.

Solo con decir la palabra «hola» varias veces, con las manos en la parte alta del estómago, donde debe llegar el aire al diafragma, usted debe sentir que al pronunciarla con un acento más grave, suena mucho más firme, de modo que podrá sentir el golpeteo del aire en su estómago.

Una famosa locutora del canal RCN TV en Colombia, se ha hecho famosa por su buena locución, pero todo el mundo la reconoce en el país por ese hola bien pronunciado y muy impostado que dice todas las noches al saludar y presentar la interesante y divertida sección de «La cosa política».

Me imagino que a Vicky Dávila la entrenaron bien en los asuntos de la locución para radio y televisión, ya que tiene una de las voces mejor impostadas que he escuchado. Muchos hemos visto el crecimiento y la maduración de su voz.

Al principio, ella era una periodista con voz de niña informal. Hoy tiene una voz impostada perfecta, que convence, llega, genera credibilidad y, por supuesto, se gana todos los premios como presentadora en el país.

Impostar la voz permite que una persona genere mayor fuerza, energía, presencia, asertividad y persuasión. Aunque diga el mismo discurso o la misma presentación, si lo dice con una voz más grave, logrará mayor impacto.

Esa impostación, con un tono más grave, no implica que se vuelva serio, con el ceño fruncido y la cara disgustada. No. Implica relajar el tono, manejarlo desde el diafragma con buen aire y buenas pausas, pero no dejar de sonreír y sostener la calidez en la actitud.

Cuando se logran ambas cosas, impostar y ser cálido, podemos decir que nos encontramos ante un locutor, orador, conferencista, consultor o académico de calificación 10. (Donde, de 1 a 10, el número 10 es ¡excelente!)

Todas las personas que usan su voz como herramienta profesional para llevar un mensaje a un auditorio, deben saber cómo impostarla. Cómo colocarla de manera correcta.

Al impostar la voz, esta se fija en las cuerdas vocales y emite sonidos a plenitud, sin vacilaciones, ni temblores.

Al no impostarla, la persona comienza a hablar forzando la garganta, lo que genera cansancio, trastornos y afonías.

Hablar con la voz impostada es expresarse con naturalidad, sin esfuerzo, con un buen aprovechamiento de las condiciones fisiológicas de su sistema de fonación.

La impostación permite apoyar la voz en la base de la caja torácica, para respirar de manera que descienda la tráquea. El aire debe salir con libertad y producir sonidos con amplitud y calidad.

Cuando se requiere la profesionalización de la voz, como en el caso de los locutores y cantantes, es necesario entrenarse con fonoaudiólogos, profesores de locución especializada, como en mi caso.

Entre mayor técnica para impostar conozca, mejor logrará colocar su voz en un tono natural y agradable, lo que le permitirá llevar un mensaje de alto impacto, durante muchas horas, sin cansarse. Puede cansarse de los pies, por estar tantas horas parado ante el auditorio, pero no de la voz, si comienza a matizarla con un acento más tranquilo, grave, afinado, es decir impostado.

Impostar la voz al hablar en público es hacer que suene a través de los resonadores de la cabeza. De esa forma parece amplificada y es capaz de dirigirse a un teatro lleno, sin micrófono.

No es, como algunos creen, fingir la voz o cambiar el tono. Es llevarla a un tono más agradable, de manera natural, no fingida. Claro que el tipo de voz que usted tenga está condicionado también por su aparato vocal físico. Pero igual aún los defectos físicos de tono, volumen o respiración, son corregibles, si logra impostar la voz y manejarla desde el diafragma, no desde la garganta o la nariz.

También influye el acento de la región donde nació la persona. Incluso su personalidad y temperamento. En el momento de aprender a impostar la voz, todo esto debe tenerse en cuenta, para llevar su expresión oral a un tipo de voz más agradable y universal, sin afectaciones ni acentos culturales.

Se debe impostar la voz, de acuerdo al tipo de auditorio en el que va a hablar. Imagínese la diferencia de un auditorio formal a uno informal. El manejo de la voz debe adaptarse también al protocolo de la reunión o conferencia. Si es una ceremonia, la voz debe ser más impostada, como de presentador. Pero si es en una pequeña sala de la empresa, puede ser más natural y espontánea. Aunque nunca será igual que la de la sala de su casa.

Comience a ensayar frente a la cámara o el espejo y notará cambios impresionantes en su voz.

Técnica 4: volumen

El volumen no es lo mismo que el tono. Para conseguir un volumen ideal en la voz, es necesario escucharse y saber en qué grado de sonido quiero estar, de acuerdo al auditorio o al número de personas a las que se va a dirigir.

Siempre enseño en mis talleres este tema del volumen de la voz a partir de una dinámica lúdica y muy divertida, en la que los participantes juegan a «tener el control» del volumen en su mano y le controlan el volumen a otro participante, mientras habla.

Los resultados son de verdad impactantes. Primero, porque se rompe el paradigma de creer que nací con un volumen y debo morir con él, simplemente porque ese fue el que «me tocó» asumir.

Sea alto o bajo su volumen, le puedo asegurar que usted puede tomar el control de él y no dejar que le dañe todas sus presentaciones en público y aun entre amigos en un restaurante.

Muchas personas sufren porque hablan con un volumen muy alto. Otras porque tienen uno muy bajo. Pero son una minoría los que concientizan el volumen de su voz y lo definen y reconocen como un problema que entorpece su comunicación.

Si le parece bien, realicemos ahora mismo el ejercicio lúdico del control de su volumen. Con el mismo control de su televisor o equipo de sonido, juguemos a que usted comienza una presentación en público y otra persona con el control en la mano le dice a usted (de 1 a 100) en qué volumen debe estar.

Si comienza con un 20 (bajo volumen) y sube a 80 o 100, se dará cuenta en qué rango es que suena mejor el volumen de su voz. Y comience a subir y a bajar. Si llega a un rango entre 80 a 100, entonces tendrá que hablar mucho más duro. Si baja a 20–30 comenzará a hablar más bajito.

Lo que entenderá al final, es que su inteligencia emocional le ayudará a controlar y regular el volumen de su comunicación hablada.

Usted puede ejercitar, como quien desarrolla un músculo, el control del volumen de su voz. Y nunca más dirá: «Es que yo hablo así». No. Usted puede controlar su volumen y no dejar que este le controle a usted. Por supuesto que sí. ¡Usted puede!

Comience a jugar con su familia, sus amigos, compañeros de trabajo, su pareja, sus hijos... al control del volumen y de esa manera podrá ejercitar ese músculo que tanto necesita para impactar en el escenario de sus presentaciones.

Cuando las personas hablan en público por lo general sufren de dos extremos en el volumen: o lo manejan por lo alto, y aturden a las personas con su voz ruidosa, o más bien se quedan en lo bajo y hablan tan bajito que nadie escucha. O lo peor, duermen al público porque no se atreven a subir el volumen. Por eso se ven y oyen muy aburridos.

No olvide algo determinante: el volumen de su voz, en un auditorio o en una conversación interpersonal, está ligado a la presencia de ánimo. De manera que si habla demasiado bajito, debe imprimirle mucho más ánimo, a partir de un volumen más alto.

Y si habla demasiado duro, relájese y comience a bajarle al volumen como quien toma la decisión de no volver a excederse con las harinas en una dieta. Todo comienza por una decisión saludable, luego se vuelve un ejercicio difícil, pero al final se convierte en una rutina diaria, que se le vuelve deliciosa y le genera un crecimiento personal visible.

Si controla su volumen, podrá controlar todos los excesos o faltantes de su voz, de su personalidad... ¡y de su vida!

Técnica 5: tono

Un interesante refrán que dice: «El acento suena y el tono envenena», se refiere a una sola cosa: no es solo lo que se dice, sino cómo se dice.

A veces escucho a las personas decir: «Es que me lo dice con cierto "tonito" que me molesta». Ese «tonito» es el acento que le aplicamos a cada palabra y que puede sonar a veces hasta ofensivo. Un poco mandón. O regañón.

Y lo triste de este asunto es que en las presentaciones profesionales se puede percibir muchas veces el consabido «tonito» con que a nadie le gusta que le hablen.

Por ejemplo, la oración: «Para entender esta información, usted tiene que...» es una de las frases que se aplican con el tono inadecuado. Recuerde que uno de los puntos clave del lenguaje para presentaciones es que sea sugestivo, es decir, no impositivo.

Por eso no me gusta en mis talleres, capacitaciones, entrenamientos, seminarios, conferencias, clases... cualquiera que sea el género o espacio, trato al máximo de no usar ese tono imperativo que genera rechazo y cierta reacción de resistencia apenas lógica en las personas.

Bueno, pero además de ese «tonito» detectado en el perfil de los impositivos, también existe el tono de la voz en sí mismo. Es el que tiene uno desde que nace. Algunos lo llaman el «color» de voz, cuando se refiere a los cantantes.

El tono es definitivo para lograr una voz armónica, que les permita a las personas recibir cada concepto que usted quiere transmitir como si se tratara de un postre con helado y sirope de caramelo derretido por encima.

El tono que le damos a la voz permite que se pueda percibir el grado de calidez o algidez de una persona en la comunicación hablada.

Por eso es tan importante que realice ejercicios con su voz frente al espejo o a una cámara, y comience a verificar el tono de su voz como agradable o desagradable.

Un tono desagradable y muy común es el «mono-tono». Es decir, ese tono aburrido, plano, en un solo nivel parejo, que termina por cansar al auditorio.

Cuando el tono es uno solo, se llama «mono» (uno) tono. Si usted padece de ese síndrome de la monotonía de su voz, por favor comience ya a desarrollar prácticas de «up down» [sube y baja] como comunicador.

Es decir, la habilidad de subir y bajar el tono con diferentes matices, distintos grados de volumen y diversidad de acentuaciones para darle énfasis a las palabras y conceptos que quiere hacer brillar... susurrar casi al oído las que quiere decir como en secreto y hablar fuerte para motivar en las que le parecen muy relevantes.

Solo así usted logrará generar en su público un efecto de interés y entusiasmo permanente por el tema. Si quiere transmitir pasión, ánimo, fuerza... pues necesita cambiar el mono-tono por un politono. Para ello es necesario desarrollar en el tono una habilidad de flexibilizarlo al máximo.

Los tonos son diferentes entre edades, regiones, sexos...

La voz de los hombres y mujeres tiene tamaños diferentes de cuerdas vocales. La de los hombres adultos tiene por lo general un tono más bajo, porque emplea las cuerdas con mayor potencia.

Esa diferencia en tamaño de las cuerdas vocales produce los distintos tonos de voz entre hombres y mujeres.

También por la genética se presentan variaciones, aun dentro del mismo sexo. Como las categorías para los cantantes. Los hombres por lo general cuentan con una capacidad vocal mayor. Eso les permite usar tonos más bajos.

Por algo Galeno, el filósofo griego, afirmó que «todo lo que sucede en la cabeza y el corazón se manifiesta a través de nuestra voz, como espejo del alma».

CAPÍTULO 7

EXPRESIÓN CORPORAL: POSTURA Y ACTITUD

- LA COMUNICACIÓN NO VERBAL
- LA POSTURA INDICADA: EL MOVIMIENTO
- TIPOS DE POSTURAS AL ENFRENTAR UN PÚBLICO: LA INFLUENCIA DE LOS TEMORES, LAS INSEGURIDADES Y LAS «TENDENCIAS» CULTURALES
- TIPOS DE ACTITUDES QUE DETERMINAN LA PRESENTACIÓN

La comunicación no verbal (CNV)

La comunicación de los gestos, actitudes, ademanes, posturas, habla por sí sola. A veces mucho más que las palabras. Es la llamada comunicación no verbal (CNV).

Un expositor puede saberse de memoria su presentación y ser un conocedor del tema, pero si su expresión no verbal muestra desánimo, prepotencia, arrogancia, pánico, inseguridad, furia, angustia, desinterés... o cualquier otra expresión que no sea congruente con lo que dice, de nada vale todo lo aprendido ni el conocimiento recibido.

La comunicación no verbal se expresa en el rostro, la mirada, el movimiento de las manos, los pies... todo lo que no sea la voz, pero que habla de la misma manera.

Si uno quiere transmitir un liderazgo motivacional, de empoderamiento y mucho ánimo, pues el primero que debe colocarse la camiseta del ánimo es el mismo líder al conversar.

No se puede hablar de seguros, si en la comunicación no verbal se transmite inseguridad. No se puede hablar de comunicación asertiva si la expresión no verbal transmite todo, menos asertividad. Si no está ahí implícito en sus gestos el equilibrio perfecto entre agresivo y pasivo.

El equilibrio

Con las manos, los pies, la mirada... y hasta la piel, uno siempre comunica algo a las personas. Esa comunicación no verbal es la que muestra la verdad, porque exhibe lo que se encuentra en el corazón. Es allí donde la gente sabrá qué tan congruentes y consecuentes somos.

Entendiendo como congruencia la relación directa entre lo que pensamos, decimos, sentimos y hablamos. Es por eso que la expresión no verbal se convierte en una especie de medidor o detector de la autenticidad de la comunicación hablada. No la deja mentir.

Hago algunos ejercicios en este sentido con los participantes en mis capacitaciones.

Son fantásticos. La gente sale feliz. Porque pueden darse cuenta por sí mismos de la desconexión entre lo que piensan y lo que sienten. Eso se les nota en el lenguaje no verbal. Pero salen «conectados» hasta el punto de ser y hablar un solo discurso. ¡Genial!

Puedo sentir el instante en que las personas logran ese «clic» interior entre lo que dicen, piensan y sienten. ¡Uao!

Es allí donde se logra el «cambio extremo» de la expresión. Más que en el aprendizaje mismo de las técnicas de voz o de las presentaciones.

Por ejemplo, el valor de la pasión no se puede transmitir a nadie si nosotros no lo expresamos en la mirada, la sonrisa, la postura y la actitud.

La competencia de la comunicación en la gente de potencial en las empresas se mide más por esta variable de la expresión no verbal que por cualquier otra.

Es curioso ver como esta comunicación sin palabras, fundamentada en los gestos y ademanes, es la que al final logra o no persuadir.

Puedo afirmar con las palabras, pero no convencer con la expresión lo veraz de lo que digo.

Por el contrario, si una persona niega con la boca, pero afirma con la expresión, la gente terminará más por creerle a su comunicación no verbal negativa que a su información.

La comunicación no verbal es tan antigua como el Génesis. Comenzó en el paraíso, con Adán y Eva. Aun los animales utilizan desde el principio códigos de comunicación no verbal.

Aunque muchos investigadores dicen que la de los animales no es CNV, sino simples códigos relacionales instintivos. Bueno, pues en parte eso es comunicación. Y me parece que el mismo Dios nos enseña cada día acerca de la maravilla de la expresión no verbal de los animales que creó. Basta con mirar un rato el canal televisivo Animal Planet o el de National Geographic... Impresionante sentido de la CNV el que tienen los animales. Desde su reino animal, claro. Pero no deja de impactarnos cada día la creación de Dios.

Al Creador de la comunicación verbal y no verbal. Entre animales o entre humanos. O entre unos y otros, no se le escapó ningún detalle en los procesos. No deja de sorprendernos y mostrarnos su inmensidad.

Me parece que el ser humano no debería ufanarse tanto de su capacidad comunicacional y de sus portentosos avances tecnológicos. Debería más bien reconocer las proezas de Dios en cada una de ellas y darle todos los honores como el Artífice de la maravillosa creación. De principio a fin.

Muchas veces ellos, los animales, nos dan lecciones de entendimiento, acople, fidelidad marital, amor por el otro, compasión, integridad, responsabilidad paterna, limpieza, precisión y muchos otros valores universales, a partir de la comunicación entre ellos. O de ellos con nosotros.

Existe una diferencia marcada entre la comunicación no verbal (CNV) y la comunicación no oral, porque muchas de las formas de la comunicación verbal no es oral. Por ejemplo la comunicación a través de mensajes escritos. La CNV se conoce como una forma de expresión paralingüística. Por eso cuando hablamos es necesario entender que no solo nos comunicamos con lo que decimos, sino en la forma como lo dice con sus gestos.

En el día a día siempre enviamos mensajes no verbales a las personas con nuestros gestos, señas o miradas que terminan por convertirse en parte de nuestra comunicación hablada, de manera automática y casi que incorporada. Sin darnos cuenta, la CNV la manejamos todo el tiempo como herramienta de supervivencia.

Muchas veces el mensaje hablado no alcanza a comunicar lo que la expresión corporal puede lograr, como un vehículo para afianzar las relaciones entre personas.

Con un adecuado entrenamiento del manejo corporal, se puede lograr seguridad en la comunicación ante situaciones normales o imprevistas. Porque la expresión corporal comunica todo lo que queremos transmitir, con precisión y claridad.

La mirada, por otra parte, es el contacto que permite la conexión. Los ojos son determinantes en el proceso comunicativo.

Es de extrema importancia mirar a las personas cuando hable en público y en diálogos particulares. Es allí donde se logra el clic básico para la empatía.

Cuando realizo los ejercicios prácticos en este punto de mis enseñanzas, las personas aprenden a valorar y concientizar la importancia de conectarse con la mirada de los demás. No es fácil. Pero al final lo logran.

Comenzamos el ejercicio con una primera mirada tipo «paneo». Imaginemos que su mirada es una cámara de televisión, que se desplaza de lado a lado del salón, en movimiento lento. Usted debe mirar uno por uno a los participantes de su comité, junta, conferencia, seminario o clase.

El efecto en el auditorio es impactante. La gente mantiene la expectativa todo el tiempo. El nivel de atención es muy alto, porque las personas están atentas al momento en que usted paseará su mirada entre ellos.

Luego del «paneo», realizamos un ejercicio de «enfoque». Este consiste en enfocar a las personas en diferentes puntos del salón. De esa manera usted asegura la atención aún más. Se queda por unos instantes con la mirada fija en una persona que escoge al azar.

En el momento menos esperado apunta con la mirada hacia otra persona, ubicada en el otro extremo del auditorio. Para realizar esta conexión de enfoque es necesario desarrollar una agilidad especial.

No es tan fácil, pero si lo ejercita presentación tras presentación, podrá conseguirlo. Notará que el efecto producido entre las personas que le escuchan es impresionante.

Todos permanecen alerta, nadie se distrae, porque estarán muy pendientes del momento en que usted se va a abalanzar sobre ellos con su mirada. Además, usted se perfilará como un comunicador dinámico, activo, lleno de energía y no aburrido.

El efecto contrario lo consiguen las personas que no miran a nadie. Porque viven con el paradigma enseñado por años de que la mejor forma de vencer el pánico escénico es no mirar a nadie, sino mirar al fondo del escenario o a las personas por encima de la cabeza.

O lo peor... dicen algunos que para vencer el miedo al público, debe «imaginárselos a todos en calzoncillos». No, ¡qué horror!... La verdad es que en mi caso, solo de imaginármelos en paños menores, me daría un peor pánico escénico. ¡Qué absurdo!

La gente siempre me pregunta aquí: «Entonces, ¿a dónde debe mirar uno?». Y mi respuesta es siempre la siguiente: «Mírelos a los ojos». Ese es el mejor enfoque.

Si son muchas personas en el público y no puede mirarlos a todos, busque iguales puntos de enfoque dentro de la gran masa de personas. Comience desde la primera fila. Luego empiece a enfocar hasta donde le sea posible. Pero por favor, no mire al aire. No utilice una mirada evasiva, que además no le ayudará a conseguir puntos de apoyo tan necesarios para un orador.

Aquí es cuando comparo el ejercicio de la mirada individual con el conocido juego de cartas llamado «Asesino», que se juega mucho en la región de Antioquia, Colombia.

Consiste en que se reparte una carta para cada uno de los asistentes. Y al que le salga el as, ese es el asesino. Acto seguido, tiene que «matar» a todos los demás con un guiño del ojo.

El resto tienen que adivinar quién es el «asesino». Esta persona dentro del juego debe lograr «asesinarlos» a todos, picándoles el ojo —con un guiño discreto—, sin que nadie lo despida. Si logra «asesinarlos» a todos, sin que lo descubran, será el ganador.

Bueno pues, el proceso es igual con la mirada al público. Aunque, claro, no podrá «picarle» el ojo a la gente ¡porque sería muy mal visto! Solo es para que ejercite con este juego la mirada segura y firme que necesita.

La mirada sirve para interactuar y marcar los turnos para hablar en una conversación. Antes de dar una respuesta, solemos desviar la mirada, haciendo ver que vamos a hablar.

La comunicación no verbal necesita ser congruente con la comunicación verbal, para que la comunicación total resulte comprensible y sincera.

En la CNV existe la necesidad de situar cada comportamiento no verbal en su contexto comunicacional.

El empleo de las manos

En la CNV, el empleo de las manos es definitivo. Tanto, que los sordomudos se comunican a través de ellas.

Cuando realizamos los ejercicios de expresión corporal frente a las cámaras en las empresas, encuentro con asombro que la mayoría de las personas no sabe qué hacer con las manos. Unos las guardan en el bolsillo.

Otros las dejan estáticas sobre las piernas; aun otros, simplemente caídas; unos prefieren jugar con el bolígrafo retráctil con nerviosismo generando un ruido ansioso y desesperante para el auditorio.

Algunos las mueven de manera exagerada y brusca. Mientras que otros no las mueven porque son muy tímidos y no quieren sobreactuar. Cualquier movimiento de las manos les parece que los puede llevar al «ridículo».

Mover bien las manos, como expresión de la CNV, puede convencer a un auditorio o perderlo. ¡Míreselas bien! Sus manos son concluyentes en la comunicación hablada.

Por eso no puede desistir en su empeño de hablar bien en cualquier auditorio. Pero eso sí, tiene que saber lo que va a hacer de ahora en adelante con sus benditas manos.

En los ejercicios que enseño, llevo a trabajar a cada uno dentro de un cuadro imaginario. En ese marco, deben meter sus manos y desarrollar muchos ejercicios frente a la cámara, para saber qué hacer con ellas.

Desarrolle usted también el ejercicio. Pinte el marco de un cuadro muy grande, imaginario, frente a usted. Ahora meta las manos allí, dentro del marco, y sus manos van a empezar a funcionar de manera perfecta. O por lo menos con un eje y un soporte central definitivo.

Si quiere verse seguro y con una excelente postura, haga su marco imaginario antes de comenzar y lleve las manos allí para empezar a filmarse frente a una cámara.

Las manos de los hombres conquistan, ¿verdad mujeres? Yo no sé cuál es el discreto encanto que tienen las manos de un hombre para una mujer, pero es en serio que son un elemento de conquista. Porque unas manos de hombre bien empleadas pueden conquistar hasta el más difícil escenario.

Las manos deben ir relajadas, naturales y tranquilas. No trate de esconder el pánico al guardárselas en el bolsillo. Más bien sáquelas de su escondite y comience a convencer con ellas. Son un medidor de seguridad, pero sobre todo de madurez en el mensaje, de capacidad de dominio colectivo y propio.

Es impresionante el cambio, cuando desarrollan ejercicios de práctica y empiezan a mover las manos. Se ven más seguros, directos, atractivos, capaces y confiables. Este es un verdadero cambio extremo.

Las manos le ayudarán a controlar los nervios y el pánico escénico. Y si las emplea bien, se verá absolutamente seguro y con calma, aunque le tiemblen las rodillas. Pero unas manos bien manejadas, son un soporte clave para la comunicación.

El uso de los pies

Los pies son el soporte básico de su comunicación. El manejo que les dé determinará en gran parte el éxito de su fluidez en la presentación.

Desde el primer momento en que el comunicador se para frente al público debe mostrar su seguridad. Y una forma definitiva para verse seguro es estar bien plantado sobre el escenario.

Durante una capacitación a una vicepresidenta de un banco internacional, ella me dijo —después de varias horas de entrenamiento en que yo le hablaba del «flow» [flujo] como parte de su encanto como asesora de valor agregado—: «Y entonces lo de los "pies de plomo al piso", ¿no?».

Y yo casi aterrada le dije: «¡¿Cómo que pies de plomo al piso?!». No podía entender ni siquiera lo que me decía hasta que entendí: una empresa consultora le había enseñado —hacía como veinte años— que debía colocar los pies rígidos y muy estáticos en un solo punto del piso.

Pues no. La idea es la libertad por encima de cualquier otra habilidad, la del «flow».

La postura indicada: el movimiento

Los movimientos de una persona hablan mucho de su estado emocional. Cada una de las reacciones hacia las personas muestran un comportamiento. Todo ello compone su comunicación no verbal. Por eso los gestos y ademanes de cada persona y toda su comunicación no verbal deben ser congruentes con su comunicación verbal.

Cada gesto que usted haga debe ser cuidado y manejado de tal manera, que se relacione con la «lectura» que quiere dar a la gente como persona.

Si desea proyectarse, por ejemplo, como persona sobria y tranquila, sus gestos no pueden denotar excentricidad y ansiedad compulsiva extravagante.

Al centro y para adentro

Para que una persona pueda vencer de verdad el pánico escénico que le produce hablar en público, o por lo menos para que parezca que lo ha vencido, aunque esté congelado del susto, debe colocarse en el centro del escenario. No arrinconarse con cobardía.

Es lo que yo llamo «al centro y para adentro» con un ademán de determinación de plantarse en el medio de la escena, con mucha seguridad, en posición de valentía, adueñamiento del salón y determinación absoluta.

No importa que le suden las manos, si logra llegar «al centro y para adentro», la gente quedará convencida de que usted es alguien que denota seguridad y mucho temple interior.

«Usted y ¿cuántos más?»

Después de lograr una ubicación central, entonces adopte la postura del «¿Usted y cuántos más?» es decir, que usted está resuelto a ganarle la batalla al pánico.

Para demostrarlo, va a enfrentar en el público al que está al frente y a cuantos sea necesario para conseguirlo. No se transe por menos. La batalla la gana usted.

Pero quiero que no me malentienda. No se trata de que asuma una actitud retadora, odiosa y desafiante. Es cuestión de verse firme y directo, sin titubear ni amedrentarse. Puede sonreír, ser amable y cordial y plantarse en el centro con propiedad única. Ahí está el detalle.

El movimiento en el escenario

Luego de conseguir la posición y el plantaje adecuados, ahora empiece a moverse con tranquilidad en el espacio determinado para su presentación.

En este punto debo detenerme con cuidado. Porque he visto en cientos de participantes a mis talleres que los han entrenado para «moverse», pero no les han dicho cómo. Entonces comienzan a realizar un balanceo compulsivo y ansioso, que marea y pone nerviosa a la gente que lo escucha.

Si se va a mover en la presentación, o en cualquier charla, debe fijarse que sus movimientos no sean bruscos, ni acartonados. Deben ser muy serenos, pero firmes. Como en cámara lenta. Recuerde que los pies son el recurso para sus movimientos y, como ya lo mencionamos, no pueden moverse sin sentido.

La expresión corporal de sus movimientos, denotan seguridad y aplomo, o un nerviosismo que puede hacerlo quedar en ridículo. No lo olvide. Camine con absoluta calma, paso a paso, y no se permita movimientos excesivos.

El empleo del micrófono

Si se trata de un auditorio de más de ochenta personas, en el que ya necesita micrófono, debe bajar el volumen de la voz para que no se oiga gritada su comunicación.

A mí me gusta pedir el micrófono inalámbrico, cuando voy a dar conferencias para grandes auditorios. Y al hablar, trato de bajar el volumen y el tono, a la forma más natural y agradable que pueda.

El manejo del micrófono exige un desenvolvimiento muy seguro de la postura y de la voz. Pida además el apoyo de los encargados del sonido para que le ayuden a controlar el volumen, de acuerdo a su voz.

Realice un breve ensayo previo con el sonido y déjelo organizado con tiempo suficiente, antes de comenzar la conferencia, para que no tenga problemas al iniciarla.

Si se trata de un micrófono con cable, entonces usted debe verificar la distancia correcta para manipularlo. Claro que depende del tipo y calidad de micrófono. Pero por lo general, debe tratar con una distancia prudencial, suficiente para que no se escuche su voz de gritos ni se sienta un desagradable golpeteo cuando habla.

Tampoco lo aleje tanto, que nadie le escuche. Debe mantener el micrófono a una distancia prudencial, una que permita que le escuchen, pero sin gritar. Es todo un equilibrio.

Y si prefiere un micrófono con base, entonces debe tener cuidado de no verse un poco rígido. Debe tener la habilidad de moverse un poco para un lado y otro, con los ojos y la cabeza, y ser expresivo con sus manos.

Por eso prefiero que no tenga base, porque no me permite moverme. Pero si el evento lo requiere, debe cerciorarse de que la altura sea la adecuada. Nada peor que un micrófono mal adecuado al tamaño de la persona.

Si es muy alto o muy bajo, se verá empinado o agachado, en forma absurda. Usted sufrirá demasiado y la gente en el auditorio también. Y lo peor, corre el riesgo de que empiecen a burlarse de su situación.

Si el micrófono es de base, y no está bien adecuado a su estatura, no comience a hablar hasta que no lo logre ajustar de manera adecuada a su propio nivel.

Tipos de posturas al enfrentar un público: la influencia de los temores, las inseguridades y las «tendencias» culturales

Postura 1. Arrinconado: a la pared

La tendencia a arrinconarse al lado de la pared donde se encuentra la presentación es muy común en los comunicadores cotidianos de las empresas y universidades.

Para despegarse del rincón, debe tomar la determinación de olvidarse un poco de la presentación y pensar más en el público. Debe comenzar a fluir de manera espontánea, y relajarse un poco, hasta sentirse tan cómodo en la escena que se sienta muy desprendido de lo que sabe y se apoye más en lo que usted es.

Postura 2. *Pegado: a la mesa o al atril*

La tendencia a pegarse a la mesa, muestra inseguridad y pánico. Pero además se torna muy aburrida para el auditorio.

No sé quién inventó que pegarse a la mesa, con las manos apoyadas en ella, es «elegante». No, por favor, esa es una postura mandada a recoger.

La comunicación de hoy exige libertad, sencillez y cero acartonamiento. De manera que si usted se pega a la mesa o al atril parecerá rígido, distante, frío y hasta un poco prepotente.

Apártese de la mesa o del atril y comience a controlar la escena desde su propio centro. El efecto en las personas será excelente. Su público se sentirá mucho más feliz y tranquilo. Y su discurso fluirá mucho mejor.

Postura 3. *Sobrado: el centro de atracción*

La postura de «sobrado» es opuesta a la de los apegados a la mesa o al atril por inseguridad. Pero esta también genera un efecto contrario al que queremos alcanzar.

Usted debe verse seguro, tranquilo, cálido, amable, pero no tan sobrado. Como sobreactuado. Que parezca tan seguro que ofusque al auditorio.

Trate de mantenerse en la línea del medio, donde no está ni muy pegado a la mesa, ni arrinconado a la pared, pero tampoco dominando tanto el escenario que los asuste a todos y los haga sentir empalagados con su sobredosis de euforia.

Manténgase en el medio, pero sencillo, calmado y agradable, sin ser muy ostentoso y hacer tanta «bulla» que produzca un efecto fastidioso.

Aunque tenga la mejor buena intención, la «actitud positiva» de los motivacionales, puede llegar a ser un poco dudosa, si se excede en ruidos en la comunicación.

Aquí cabe bien el refrán que reza: «Todo exceso es vicioso».

Postura 4. Rígido: tenso, ceño fruncido

Bueno, pero por tratar de ser muy tranquilo y sobrio, tampoco se vaya para el lado de los rígidos, tensos y de ceño fruncido que quieren demostrar su confiabilidad a punta de mensajes severos, rigurosos y muy estrictos.

No frunza el ceño solo para verse con autoridad y confiable. Usted puede ser amable, sonreír y mantener su dominio de grupo y de sí mismo.

Relájese, disfrute su presentación y permita que todos se deleiten. No se torne tan tenso y rígido que los demás empiecen a sentir más miedo que alegría.

Puede que usted con rigidez consiga amedrentar al público, pero no alcanzará el alto impacto que queremos en los resultados. Y si lo consigue, no será duradero, sino pasajero, y por simple efecto del dominio inadecuado.

Comience a relajar al ceño, a practicar la «sonrisa implícita» y relájese en la escena; verá que la gente comienza a conectarse con usted y con su mensaje a niveles insospechados.

Postura 5. Consentido: infantil, vocecita

Una postura que me llama mucho la atención y que he descubierto entre los asistentes a las capacitaciones, en especial en las jóvenes, es la postura de niña consentida, infantil, con vocecita de inmadurez, pero que parece estar de moda entre la gente de esa generación. En promedio, las profesionales entre los veintitrés y los treinta años adquieren un tonito de niñas mimadas que debemos erradicar con urgencia, si queremos empoderarlas como mujeres de potencial.

Aunque no es solo en las mujeres, se presenta también en los jóvenes profesionales del género masculino. Aunque no es tan frecuente, también se ve.

Debo confesar siempre, con mucha pena, que por años yo misma formé parte de ese ejército de niñas mimadas. Hablaba con ese tonito consentido e insoportable que tienen las muchachitas «hijas de papi», como yo.

Un día, frente al público, entendí que si quería ser una comunicadora seria y objetiva, desde mi posición de consultora de primer nivel, para gente de alta gerencia y públicos intelectuales, pues no podía seguir con ese ademán desagradable y esa vocecita de niña mimada. Lo que en la costa colombiana llaman «pechichona».

Ninguna de las técnicas de impostación, vocalización, manejo de la voz y del micrófono me servían para nada, ya que el asunto era más de personalidad y modo de ver la vida.

Entonces tuve que desarrollar un serio autoanálisis, pedirle a Dios con todas mis fuerzas que me cambiara y... ¡por fin!, después de todos esos años de esfuerzo frente a cientos de auditorios, lo logré.

Hoy puedo asumir la postura de una consultora seria, dueña de mí misma, empoderada de la escena y con voz de mujer seria, directa y precisa. Con voz segura y madura. Qué delicia.

Lo que siempre sucede, al finalizar cada proceso de desarrollo humano en un banco, entidad o universidad, es impactante: el cambio extremo de las muchachitas consentidas convertidas en todas unas gerentes de alto nivel, seguras, serias, confiables y maduras.

Qué maravillosa forma de empoderar el talento humano. Y de sacarlos de la postura infantil para llevarlos a la edad adulta de la comunicación.

Postura 6. Sobreactuado: show emocional

Se llama sobreactuado a aquel personaje que siempre quiere impresionar con discursos excesivos en motivación y energía, con ademanes exagerados, gritos, manoteo desaforado y movimientos de actor más que de comunicador.

Siempre digo que cuando uno está en una conferencia o charla, es como si estuviera parado en una tarima de actuación. No es lo mismo estar parado frente a un público que hablar en la sala de la casa o en el pasillo de la empresa con los compañeros.

Es verdad que uno está actuando. Pero lo que no puede hacer es sobreactuar. Así como los mejores actores son los que se ven más naturales, no postizos, como que viven cada escena de manera normal, los mejores comunicadores de hoy son los que se ven más espontáneos, discretos, sin excesos y tranquilos.

Postura 7. *Catedrático pesado: sabelotodo*

No soporto ver a un comunicador cotidiano como si tratara de posar de catedrático magistral y profesor sabelotodo. Con un lenguaje difícil, que nadie le entiende, pero con afán de imponer sus conocimientos, este personaje se vuelve pesado e insoportable.

Aunque parezca ser muy respetado, y toda la gente salga del auditorio con palabras de admiración y asombro por todo lo que sabe esa persona y por su estilo tan magistral, la verdad es que si usted le pregunta a los deslumbrados por ese comunicador qué les quedó, dicen: «Mmmm... la verdad... no recuerdo».

De tal manera que la «cátedra» rigurosa y ostentosa con demasiada profundidad puede ahogar al auditorio en un mar de conocimiento. Pero lo que queremos es un río de corrientes deliciosas y cristalinas, donde cada persona reciba las instrucciones de manera sencilla, pero efectiva.

Usted debe ser profundo, pero no pesado. Debe mostrar lo que sabe, pero no tratar de «descrestar» con sus conocimientos. Lo importante es lograr el objetivo propuesto, no impresionar con su enseñanza.

Y en caso de que se trate de una clase, o de una capacitación, de todas maneras, enfóquese más en facilitar la comunicación hablada, que en confundir a sus oyentes con demasiada información técnica, científica, literaria, histórica o matemática.

Por lo que he visto en el entrenamiento que les he dado a importantes y reconocidos maestros de universidades, muchas veces los destacados maestros necesitan altas dosis de entrenamiento en comunicación.

Se enfocan tanto en el tablero y la tiza, que se les olvida lo más importante: los estudiantes. Un educador de hoy, a mi modo de ver, debe ser un excelente comunicador.

Postura 8. Modelo: *poses y pasarela*

Otra postura en verdad fastidiosa e insoportable en los escenarios de la comunicación hablada es la de los «modelos» de pasarela.

Usan poses y ademanes tan «fashion» [a la moda] que, aunque hablen de temas serios como finanzas o jurídicos, la gente siempre termina por verlos como los «modelos» de un desfile de modas.

Están más preocupados por su presentación personal, por seducir al auditorio con su belleza, su figura y sus accesorios, que por el contenido de su mensaje.

Para lograr sacarlos de esa postura tan postiza es necesario que realicen ejercicios de naturalidad y sencillez. Concientizarlos de que, a veces, tanto maquillaje y accesorios pueden ser contraproducentes.

Las modas exageradas que utilizan para llamar la atención pueden convertirse en «ruidos» para la comunicación.

Esta es la fórmula de oro para llamar la atención de verdad: «sobrio + cómodo + sencillo = alto impacto». Y no solo en el vestuario que llevará a la presentación, sino en la actitud y la forma de plantarse frente al público.

Aquí cabe perfecto la tendencia del minimalismo aplicada a la comunicación hablada: «Menos es más».

Postura 9. Estático: paralizado

En el otro extremo de los sobreactuados o los modelos de pasarela, se encuentran los estáticos. Son personas que parecen paralizadas ante el público. Sufren del síndrome de no querer «hacer el ridículo».

Siempre demuestro en los talleres lo que puede pasar si me quedo estática y paralizada por un tiempo mientras hablo. Les pregunto: «¿Cuál es el efecto?». Y todos dicen: «¡NO!... ¡terrible!». Porque no les gusta que les hable paralizada.

Cuando se habla en público, no es posible quedarse estático. Si los movimientos bruscos son insoportables, también lo es el quedarse paralizado. Produce la misma exasperación y hasta más.

De manera que si usted es de los que se paralizan o se quedan estáticos, debe comenzar a mover los pies, las manos, la mirada... hasta sentir la delicia de comenzar a «danzar» en la escena, como en un delicioso *ballet* sin fin.

Tipos de actitudes que determinan la presentación

Mucho más que el conocimiento o la calidad del lenguaje, la forma de comportarse en el escenario es definitiva para llegar al público. Existen actitudes negativas y positivas. Veamos algunas.

Actitudes negativas

Actitud I. Apático: me da igual

Esta es una actitud que se ha puesto de moda entre los jóvenes hoy en día. Aunque también existe entre los adultos que quieren presumir de prepotentes.

La apatía es un mal generalizado de hoy que debemos combatir con resolución.

Una persona que habla ante un público con esta actitud, no solo se limitará en sus posibilidades y resultados, sino que además dará la impresión de ser un poco grosero y odioso.

Para combatir la apatía lo mejor es resolverse a impulsar el ánimo desde el primer minuto de su comunicación.

Practique la empatía. Es decir, el salirse un poco de sus propios intereses para ubicarse en los de su público. Póngase en los zapatos de ellos. Elimine el egoísmo y el egocentrismo de su posición como expositor y alcanzará los niveles deseados.

Pero con una actitud apática, hasta antipática, nadie llega a ninguna parte.

Actitud 2. Atropellador: resultados, resultados, resultados

Solo se concentra en el objetivo y esto lo lleva a valorar poco el proceso y las personas.

Actitud 3. Autómata: lo importante es lo que sé

Esta actitud la asumen los que se centran en el conocimiento. Tanto, que se les nota cómo se olvidan de las personas y del propósito número uno de su comunicación, que es la necesidad del público.

Lo único que le importa al comunicador es demostrar que sabe. Y rellenar de información su presentación, hasta quedar exhausto con todo lo que realizó para conseguir una presentación muy pesada, pero nada conectada con el corazón de él mismo y de la gente que lo escucha.

El autómata habla y habla y habla y ni siquiera se detiene a pensar por un instante si la gente entiende lo que dice. No realiza ningún tipo de diagnóstico individual, no permite la participación y mucho menos la retroalimentación, que es uno de los asuntos más importantes en la comunicación.

Además, usan un tono muy plano. Con una absurda monotonía siguen y siguen sin parar, hasta que completan su material y están seguros de llenar el programa. Pero como autómatas, son incapaces de parar, reflexionar o sensibilizar el tema.

Para esas personas es necesario realizar ejercicios de sensibilización, retroalimentación y calidez, hasta que cambien su automatización por la fluidez propia de una comunicación asertiva.

Actitud 4. Vendedor de plaza: se le tiene

Una de las actitudes que se ha metido entre los conferencistas motivacionales es la de «vendedores de plaza», esos que quieren convencer a su público con gritos estridentes para que vengan a «comprar» sus productos.

Se saben de memoria la retahíla que deben decir para vender tal o cual producto. Al punto que podría ser mejor tener una grabación y dejarla sonar todo el tiempo.

El «se le tiene» de los vendedores que suelen tener de todo lo que la gente necesita, a precios muy bajos, es perfecto para ellos, porque ese es su objetivo. Son admirables en la forma como persuaden a la gente para que les compren.

Pero ese sistema de vendedor de plaza no es útil para un comunicador cotidiano que debe presentar el informe de resultados del año. Tampoco para un capacitador que quiere llegar a su público con un proceso de aprendizaje continuo, que lo lleve a la reflexión y no a la compra de productos baratos en promoción.

Tampoco a los motivadores, que hablan de importantes temas para el crecimiento personal y el desarrollo del ser, les queda bien este sistema. Lo que pasa es que, como por años muchos lo han utilizado, se tiene la errónea creencia generalizada de que para motivar hay que gritar y generar compulsión en los oyentes.

Por experiencia he podido medir que, una de las mejores formas de motivar a un auditorio es a través de una actitud serena y discreta. Debe ser alegre, llena de pasión, convicción y energía, pero muy relajada, sobria y apacible.

Si consigue el equilibrio entre la presencia de ánimo en la voz y la serenidad, nos encontraremos ante un comunicador de alto impacto. De verdad. No de pura bulla. O como diría un sabroso son cubano: «buchipluma no más».

Actitud 5. Inseguro: ¡sáquenme de aquí!

Esta actitud es en verdad muy común entre los profesionales y asistentes a mis talleres.

Es impresionante ver cómo un ejecutivo de alto nivel, con posgrado, pasa al frente a realizar su presentación y parece como si su postura, mirada, movimientos, manos, todo su ser, quisiera decir a gritos: «¡Sáquenme de aquí!».

Mantienen una postura ante el público muy tensionada y nerviosa que no les permite a las personas del auditorio entender lo que dicen porque van a toda prisa. El pánico escénico los lleva a acelerar la comunicación y a sentir una ansiedad muy fuerte por salir de la escena a como dé lugar.

Estas personas necesitan con urgencia desarrollar todas las técnicas para mantenerse en el centro del salón, vocalizar, pausar, impostar, mirar a los ojos y, sobre todo, para llevar a las personas a la reflexión.

Solo así logrará que, en medio de su charla, en vez de decir: «¡Sáquenme de aquí!», pueda decir: «Aquí estoy feliz y me siento complacido». Cambio extremo. Parece imposible, pero lo hemos logrado cientos de veces. ¿Por qué no usted? Es cuestión de empoderamiento.

Actitud 6. Egocéntrico: yo soy el más...

Esta actitud no es tan común, pero cuando aparece genera rechazo inmediato en el auditorio. Al contrario de los asustadizos y tímidos anteriores, estos se sienten tan sobrados que desesperan a su público.

Son egocéntricos insoportables que parecen tener un letrero que dice: «Yo soy el más...». El pánico escénico los lleva a convertirse en actores muy listos, esos que quieren demostrar mucho más de lo que son.

Esta actitud no permite la participación de nadie. Hablan sin parar y cuentan sus propias experiencias y pensamientos sin tener en cuenta para nada lo que piensan, sienten o creen quienes los oyen.

Cuando el ego está en el centro, nada más tiene lugar. Ni la reflexión, ni los reconocimientos y mucho menos la empatía. Pensar en las necesidades de los otros es para ellos un absurdo. Una ridiculez sin sentido.

Para salir de esta postura deben realizar ejercicios de humildad comunicativa. Como permitir a los demás hablar primero que ellos, escucharlos cuando realizan una pregunta, dejar de hablar de sí mismos y concentrarse más en el tema central que en sí mismos.

En la comunicación no verbal necesitan relajar su postura muy estirada y prepotente, arrogante y autosuficiente. Llegar a un punto de equilibrio en el que su apariencia y porte en el escenario sea más sencilla y normal. Para que todos le crean.

Actitud 7. Maquiavélico: confunde y reinarás

Esta actitud es la que prefiere confundir con todas sus palabras, antes que mostrar debilidad. Su lema favorito (en sentido figurado) es: «confunde y reinarás». Es decir, mantienen al auditorio muy impactado, pero por la confusión de las ideas.

Confundir a sus oyentes con un montón de información técnica y pesada no pasa de ser una fórmula casi que maquiavélica para dominar la escena. Pero es muy poco lo que logra en el entendimiento de las personas.

Estas personas necesitan entrar en la dimensión de la claridad, como su bandera más importante. Por encima de su capacidad de dominio de la escena lo que debe primar es la precisión. Deben convertirse en un facilitador para quienes les escuchan.

Actitud 8. Monótono: plano, somnífero

Algunos en vez de ser egocéntricos o maquiavélicos, más bien quieren pasar inadvertidos. Por eso asumen una actitud monótona, muy plana, que se convierte en un somnífero para quienes lo oyen.

Pueden pasar horas enteras con ese tono plano que duerme a la gente, pero hay algo que les impide cambiar y lograr una vital presencia de ánimo en la voz. Y no solo en la voz, sino en la actitud.

Para conseguir un cambio, es necesario que practiquen el «up down». Es decir, las subidas y bajadas del tono y de la energía, para mantener a las personas que lo escuchan animadas, motivadas y felices.

Actitud 9. Retahíla: lección de memoria

La actitud de los que memorizan es siempre la misma. Recitan un discurso aprendido y terminan por repetir una retahíla que es aburrida y de muy bajo nivel comunicacional.

La lección memorizada no sirve para nada porque la gente notará que se trata de una retahíla, pero verán que no está conectado con el corazón, ni siquiera con el tema mismo.

Se siente un mensaje frío, distante, que termina por mirar hacia arriba y para todos los lados, pero sin lograr conexión con las personas.

Porque mientras dicen su recitación memorizada de los productos, no logran enfocarse en lo que requieren las personas, sino lo que ellos mismos necesitan.

Para salir de este esquema es necesario que esas personas comiencen a fluir en una actitud más auténtica, espontánea, que no esté pegada a la memoria, sino al concepto central. Deben permitir sin miedo la fluidez de sus ideas y sentimientos.

Cuando lo consigan, verán el efecto impresionante en el público. Pero también podrán ver el resultado en ellos mismos y en su propia imagen.

Actitud 10. Prepotente: insoportable

La prepotencia es uno de los antivalores que hemos enfrentado en algunas de las entidades y universidades donde capacito a los ejecutivos y estudiantes egresados.

Estas personas asumen unas posturas de insoportable arrogancia y soberbia. Al hablar se muestran superiores a los demás y hacen sentir a los demás inferiores.

Su mirada siempre está por encima del hombro. Sus palabras suenan un poco ofensivas y hasta hirientes. Parece que utilizan a las personas para conseguir sus fines, pero no las tienen en cuenta, sino que las ignoran.

Hacen sentir a la gente como si les debieran un favor por dirigirse a ellos. Quienes los escuchan se sienten intimidados y hasta asustados, por la forma en que les hablan.

Esas personas necesitan bajarle a la actitud prepotente y entrar en una postura más amable, cálida y sencilla. Sin tantas pretensiones. Porque lo que he visto es que, por lo general, manejan el pánico con sus ínfulas, pero lo que tienen no es más que inseguridad y hasta complejos de inferioridad.

Deben basar su seguridad no en la amenaza y la coacción, sino en la gentileza con las personas. Se darán cuenta de que se volverán mucho más asertivos y conseguirán muchos más resultados.

Actitud II. Sobreactuado: show-tarima

La actitud del «show» en una presentación está mandada a recoger. Los que gritan como presentadores de espectáculo ya no persuaden a nadie. Aunque por mucho tiempo estuvieron de moda y llegaron a convencer, hoy la gente busca otra cosa.

Los sobreactuados que salen con una megasonrisa y las manos arriba, con ademanes de victoria, ya no funcionan para mensajes en los que se pretende dejar resultados prácticos.

La euforia desmedida termina por irritar a los oyentes. Se vuelve fastidiosa. Por eso los grandes conferencistas de hoy, los mejores oradores y los más exitosos políticos son mucho más discretos, sobrios, tranquilos. Un poco más naturales.

Lo que está comprobado es que la gente se identifica mucho más con alguien «normal», que se parece a ellos, y no con alguien que está muy distante y se siente tan arriba —montado en su «tarima»— que no alcanza a conectarse con sus necesidades y sus sueños.

Las personas con esta actitud sobreactuada y tan espectacular, necesitan entrar con sencillez a sus presentaciones, bajar el volumen y comenzar a hablar en un tono más sencillo y natural. Claro, sin perder el ánimo y la asertividad, pero mucho más conectados con la realidad de los oyentes.

Además ellos mismos se sentirán mucho más cómodos porque no tendrán que desgastarse con tanta adrenalina y tanto esfuerzo sobrehumano. Se verán mucho menos intensos y extralimitados. Comenzarán a percibir unos resultados de largo plazo, no de explosión pasajera.

Actitud 12. Intimidante: ceja alzada

La actitud de los que intimidan hace que el ambiente se vuelva tenso e insoportable.

A veces sin hablar, sin decir nada, tan solo con arquear la ceja, con un carraspeo en la garganta o una mirada, logran anular a las personas y hacerlas sentir disminuidas e incapaces.

Es impresionante cómo ejerce la actitud de la prepotencia una especie de poder de control sobre los auditorios, a tal nivel que todo el «clima» de la conversación se vuelve temeroso y las personas por dentro están llenas de miedo, pero no saben ni por qué.

La intimidación llega al punto de bloquear a las personas del auditorio. Las anula y les baja la autoestima. Sienten temor de levantar la mano, participar u opinar.

Temen que el comunicador intimidante que está en frente asuma una reacción tan hostil ante su participación que prefieren quedarse callados, aunque por dentro sientan la necesidad de colocar sobre la mesa sus ideas y sus valiosos aportes.

Los que asumen la actitud intimidante necesitan ante todo reconocerla, porque por lo general no se dan cuenta de manera clara del efecto que causan en las personas.

Por eso es necesario que primero se concienticen de su actitud. Luego sensibilicen las necesidades de atención y reconocimiento de los demás. De esa manera lograrán resultados mucho mayores que los logrados hasta el momento a punta de intimidación.

Si desarrollan el «músculo» de la empatía, comenzarán a colocarse en los zapatos del público y su nivel de conexión los sorprenderá.

Actitudes positivas

Actitud I. Propositivo: vamos

La comunicación propositiva se relaciona con una buena actitud crítica y creativa. Plantea opciones y alternativas para solucionar los diferentes problemas suscitados por una situación.

La persona con una actitud propositiva siempre habla a partir de lo positivo, no de lo negativo. Es la que ve el vaso siempre medio lleno y no medio vacío.

Aunque mantiene el equilibrio de la asertividad, entre no ser pasivo, ni agresivo, sabe pararse firme en sus propuestas, las que aportan transformación y desarrollo en las personas y las entidades.

Sabe hablar desde el lado inteligente de la comunicación, la que menciona lo positivo y no lo negativo. Sabe confrontar sin perder la razón. Porque prefiere la relación que su propia razón.

Aunque la palabra «propositivo» no aparece en el diccionario, es un concepto que se ha vuelto muy usual a nivel organizacional. Está asociado con la asertividad y el emprendimiento.

Una persona propositiva en su comunicación hablada está asociada con el coraje, la pasión, la proactividad, la innovación y todos los valores corporativos que se requieren a nivel empresarial, universitario, gubernamental y hasta familiar.

Actitud 2. Dirigido: personas, personas, personas

La persona bien enfocada, siempre dirige sus mensajes hacia otros individuos, no hacia sus propios intereses. Si lo más importante son las personas que están frente a usted, podrá ser mucho más propositivo y asertivo.

Cuando la comunicación es dirigida a las personas, sus intereses, sueños, necesidades, todo cambia en los niveles de empatía. Con ello logrará mantener la atención de principio a fin y nunca será plano ni aburrido, sino interesante.

Se nota de inmediato cuando un individuo está enfocado en las personas y no en el resultado financiero, ni en la rentabilidad que le pueden producir.

Cuando las personas que le escuchan saben que son valoradas y que de verdad son importantes para usted, todo el efecto de la comunicación cambia.

Actitud 3. Enfocado: lo que soy, no lo que sé

Por mucho tiempo he escuchado presentadores más enfocados en lo que saben que en lo que son. Y llevan a las personas a enfocarse en lo que ellos mismos están enfocados en forma casi obsesiva y compulsiva.

Lo que usted sabe, hace o tiene, no determina lo que es. Por eso los que tienen una actitud correcta se comunican a partir del ser interior, por lo que logran conectar las emociones con el conocimiento y con las acciones.

Son personas consecuentes. Les importa el saber, pero no se desconectan del ser. Ni intentan desconectar a quienes los escuchan.

Y en el nivel más alto, logran enfocarse en el ser de las personas que les escuchan, más que en su entendimiento o su razonamiento. De una manera impresionante permiten que la comunicación se vuelva importante para la vida de cada persona, no solo para el trabajo o la educación.

Actitud 4. Empático: con la necesidad del otro

Quienes manejan una actitud empática en la comunicación, saben escuchar la mirada de su público.

La empatía es la identificación mental y afectiva de una persona con el estado de ánimo de otra. También se conoce como inteligencia relacional.

Por eso esta actitud es determinante para lograr una comunicación de alto impacto.

Si al hablar no se identifica con el estado de ánimo de las personas que lo escuchan, su mensaje no pasará de ser más que una información fría.

Pero los que manejan la comunicación empática desarrollan una escucha dinámica, sensible, humanizada, que llega mucho más lejos de lo imaginado y supera siempre las expectativas del público y hasta las propias.

Actitud 5. Servicio: siempre dispuesto

Quien comunica con una actitud de servicio a su público busca siempre satisfacer sus necesidades y dar respuesta a sus inquietudes. Su postura en medio del auditorio es siempre dispuesta.

La disposición a servir, a ayudar, a colaborar con las metas de quienes le escuchan, determinará la respuesta que obtenga de quienes lo oyen.

En este sentido, la calidez es determinante. Porque la relación afecto-efecto, logra los mejores resultados en las demás relaciones. Y tiene todo que ver con la predisposición a ser útil para las personas.

Actitud 6. Facilitador: que todo fluya

La actitud del facilitador permite que todo fluya sin problemas en cada uno de los procesos comunicacionales que dirige.

Maneja un lenguaje sencillo y fluido con el único interés de permitir que todos reciban el mensaje en forma franca y clara. Su única meta es que todos entiendan y reciban el mensaje sin complicaciones.

En cuanto a la logística, siempre buscan facilitar los materiales, las enseñanzas y hasta el café. Envían por correo los recordatorios y contactan a las personas para confirmar la asistencia.

Si aparece algún problema en medio de la presentación, el facilitador tiene la actitud pronta para resolverlo en forma inmediata. Siempre trae, entre la maleta, las herramientas para solucionarlo todo.

Los facilitadores cuentan con el don impresionante de simplificar los programas, los diálogos, las situaciones. Luego recogen los resultados, también de manera fácil. Así de sencillo.

Actitud 7. Sencillo: claridad ante todo

La actitud de los sencillos es la de los que comunican sin tanto ruido ni aspavientos. Por encima de todo les importa que la presentación sea moderada y modesta.

Son los que, cuando hablan en público, no se preocupan por presentar su hoja de vida llena de cargos y títulos, tampoco sus altos cargos y relaciones. Por lo general prefieren pasar casi inadvertidos.

Prefieren ser prudentes antes que estridentes. No se exceden con nada. Y les molesta todo lo que se salga de su cómodo ambiente de delicada sencillez.

Insistiré siempre en que, para mí, la sencillez es un termómetro de la madurez en la comunicación.

Me impresiona mucho ver que, entre más sabe una persona, entre más conocimiento tiene, entre más estudiada y preparada, es mucho más sencilla.

Porque los que tienen la actitud de la sencillez son tan inteligentes que siempre saben que les falta mucho más. Siempre tienen una actitud de aprendizaje continuo y se sienten aprendices de por vida.

Cuando se les pregunta por todo lo que saben, contestan con sencillez absoluta, sin ninguna otra pretensión que edificar al auditorio con su ejemplo de tranquila sabiduría.

Actitud 8. Humilde: reconoce su error

Reconocer el error es una de las formas más claras de la humildad en la comunicación hablada.

Pero no es la única. Siempre digo que la humildad se mide desde tres perspectivas:

- Reconocer con madurez que me equivoqué.
- Reconocer con gallardía cuando alguien hace algo bien.
- Reconocer con sencillez cuando yo lo hago bien.

Quien cuenta con humildad comunicativa responde: «No sé», cuando le preguntan algo en medio de un auditorio. No inventa respuestas por mostrar que lo sabe todo. Pero con toda la transparencia afirma: «No sé... sin embargo, lo averiguaré para darle la respuesta adecuada».

La humildad es una actitud que recoge resultados enormes, ya que es muy agradable para el auditorio. Pero debe quedar claro aquí que la humildad no tiene que ver con pobretearse ni con hablar con sentimientos de inferioridad.

Se puede demostrar conocimiento con humildad. Se puede hablar con asertividad, seguridad, persuasión y mucha fuerza, y a la vez con actitud de humildad.

Debemos romper el paradigma de pensar que ser humilde es ser un tonto sin autoridad. La palabra *humildad* se define por el *Diccionario de la lengua española de la Real Academia Española* como:

> (Del latín *humilĭtas*) Virtud que consiste en el conocimiento de las propias limitaciones y debilidades y en obrar de acuerdo con este conocimiento.

Si analizamos la actitud de la mayoría de los más grandes comunicadores de la historia, veremos que presentaron sus mensajes con una gran dosis de autoridad y firmeza, pero con una gran sombrilla de humildad que los protegía de sus propios egos.

La misma humildad los llevó a dejar de pensar en agradarse a sí mismos para entrar en el reconocimiento de los demás.

Jesucristo dijo: «Aprendan de mí, pues yo soy apacible y humilde de corazón, y encontrarán descanso para su alma» (Mateo 11.29). Y la verdad, creo que nada produce más descanso a la comunicación, al comunicador y a la audiencia, que la humildad.

Hablo desde mi posición de humilde comunicadora.

Actitud 9. Agradecido: reconoce la oportunidad

La actitud agradecida produce un ambiente grato. Es la de aquellos que inician y terminan su presentación con un mensaje de reconocimiento a las personas que hicieron posible su presencia en el lugar.

Estas personas cuentan con un especial toque de gracia frente al auditorio, que termina amándolos sin saber por qué. El secreto que ellos conocen es el poder de la gratitud.

Los que agradecen cuentan con el aval de las directivas, se paran tres escalones más arriba del común y son más inteligentes, porque saben que cuando siembran con gracias, recogen también reconocimiento.

No se trata de hacer una larga lista de personas a las que les quiere dar las gracias, la que se vuelve aburrida e insoportable.

Esta es una actitud que sale del corazón. No es una habilidad técnica. Ni manipuladora.

Es una capacidad emparentada con la ternura y la bondad.

Si una persona da gracias, tiene gracia.

Actitud 10. Pasión: con ganas

En los últimos tiempos he escuchado hablar de pasión en todas sus formas, colores y sabores. Pero es verdad que uno de los factores con los que se puede medir la actitud de una persona es la pasión que le imprime a su comunicación.

Cuando la actitud es apasionada, la persona brilla con luz propia. Vive cada cosa que habla. Se siente tan real que puede ser demasiado persuasiva.

Al medir el potencial de las personas como profesionales, este componente de la pasión es determinante. Son los que muestran ganas de ganar, de conquistar, de triunfar... de vivir.

Su actitud es contagiosa, vibrante, animada, poderosa. La pasión es parte de su personalidad y de su encanto. La gente quiere seguirlos e imitarlos porque persuaden por su entusiasmo contagioso.

Amo cuando dicen que «Colombia es pasión». Me parece una excelente definición del país más bello del mundo.

Solo por la pasión por la vida se puede entender que un país que ha sufrido tanto y ha enfrentado con valentía tantos conflictos, puede levantarse con fuerza ante todos los embates de la violencia.

Pero me gusta más cuando me dicen que transmito pasión y mucha energía en mi comunicación. Ese es el mejor cumplido. Para mí, la comunicación es pasión.

Actitud II. Coraje: con valentía

Pararse frente a un escenario requiere una tremenda valentía, un coraje suficiente para expresar las ideas sin que le tiemble la voz a uno.

Pero creo que el estilo de los corajudos es mucho más que valentía interior, es una postura ante la vida muy diferente a la de todos los demás. Porque poseen una virtud que se llama denuedo. Es decir, no les tiembla la voz.

Es a partir de una comunicación denodada que una persona logra persuadir a la gente. De los pusilánimes no se ha escrito nada. Y cuando se escribe, es para criticarlos o para darles la carta de despido.

En Colombia tenemos una expresión común —un tanto grosera y me disculpan la expresión—. Se llama «verraquera». Se usa cuando alguien muestra arrojo, valentía, capacidad de persistencia, que no se deja amedrentar por los problemas ni los obstáculos de la vida con facilidad.

Bueno pues, creo que la mejor forma de traducir ese término es: coraje. Y en la comunicación hablada es determinante el coraje, para demostrar denuedo, firmeza en la voz, pero también en los pies, en las manos, en la mirada y en la sonrisa.

El coraje le permite a una persona en su comunicación cotidiana —no solo en los auditorios— ser muy asertiva para decir las cosas en el momento oportuno y de la manera adecuada, sin que le dé miedo ni le importe el qué dirán.

Sin coraje, la comunicación es cobarde y pálida. Con coraje, la expresión oral muestra una actitud de fe, firmeza y confianza que impacta a los oyentes.

Actitud 12. Innovación: con valor agregado

No basta que lo que usted habla sea valiente, humilde, seguro, tranquilo, persuasivo, asertivo y propositivo... necesita ser innovador.

La innovación le permitirá mantener una actitud de competitividad y crecimiento sano, a partir del ingenio para traer ideas, conceptos, dinámicas, materiales, procesos, programas... todo nuevo.

Hoy en día se habla mucho de innovación como valor, como competencia y como solución estratégica para ganarle todas las batallas a la competencia.

En el libro *La estrategia del océano azul*, formulado por W. Chan Kim y Renée Mauborgne,[1] se habla de la necesidad de dejar a un lado la competencia destructiva entre las empresas si se quiere ser ganador en el futuro, ampliando los horizontes del mercado y generando valor a través de la innovación.

Los autores se valen de un símil para diferenciar las dos situaciones competitivas más habituales en cualquier tipo de industria: los océanos rojos y los océanos azules.

Los océanos rojos representan todas las industrias que existen en la actualidad, mientras que los azules simbolizan las ideas de negocios hoy por hoy desconocidas.

La comunicación innovadora logra resultados en el negocio sin necesidad de competir en forma absurda y desleal. Impacta con nuevas ideas, propuestas, transmitidas desde la originalidad refrescante.

Para innovar la comunicación es necesario romper los esquemas manejados durante años en las presentaciones. Renovar la forma de pensar, larga y pesada, para pasar a un estilo ágil, directo, sencillo, que no canse ni desespere al oyente.

La innovación en las presentaciones se logra con un cambio en la forma de estructurar las ideas. Recuerde que puede escribir su informe, análisis, programa o cualquiera que sea el género, en Word y luego pasarlo a PowerPoint.

Entregue la información de su trabajo en un anexo en el que pueda incluir todos los cuadros y cifras necesarias. No los incluya en las diapositivas de la presentación, ya que usted mismo se enredará y la gente lo percibirá confundido.

Todo lo que reste claridad, elimínelo. Todo lo que no facilite la comunicación, déjelo a un lado. Entonces sí podrá comenzar a aplicar elementos innovadores, imágenes, frases contundentes que le darán valor agregado a su presentación y alto impacto a su comunicación.

Innovación, innovación, innovación, esa es la clave de hoy para el alto impacto. Vuélvala parte de su actitud, de su estilo, de su forma de ser como comunicador. Es genial.

PARTE II
ESCRIBIR

PREFACIO

«Para Sonia, en su casa de México, con
365 llaves y una flor».

Gabriel García Márquez

México, 2002

Dedicatoria del Premio Nobel, para la autora Sonia González A., durante una de sus visitas a la casa del escritor, en ciudad de México.

CAPÍTULO I

CÓMO CORREGIR SU ESTILO

- RECONOCIMIENTO DE LOS VICIOS Y BLOQUEADORES DE SUS TEXTOS
- CLAVES PARA ERRADICAR LOS CATORCE VICIOS MÁS COMUNES DE LA EXPRESIÓN ESCRITA:

1. Lenguaje arcaico: de lo «jurásico» a lo «*tcherásico*».
2. «Gerunditis»: generando, produciendo, «gerundiando».
3. Terminaciones en... mente: cordialmente, generalmente...
4. «Queísmo»: una entidad que, a medida que, cada vez que...
5. «Dequeísmo» y «Dequefobia»: ¿cuándo usar el «de que»?

6. «Seísmo»: «se percibe», «se verifica», «se le tiene...».

7. «Deísmo»: «a pesar de los precios del mercado de valores...».

8. «Yotacismo: "líder y confiable, y que además... y por eso..."»

9. Cacofonía: una hamaca café, cálida y hermosa.

10. Monotonía: teniendo en cuenta... la cuenta.

11. Neologismos, barbarismos y esnobismos.

12. Verbos empobrecedores: «tener», «poner», «hacer».

13. Conectores como «muletillas»: «adicionalmente», «cabe aclarar».

14. Párrafos largos: ladrillos interminables.

¿Por qué vicios?

Son vicios porque aparecen de manera ansiosa. ¡Siempre los mismos! Con los síntomas evidentes de una conducta viciosa: se repiten con insistencia y... ¡no puede parar!

La mayoría de las personas los utilizan en forma casi compulsiva, a través de sus documentos.

Para poderlos erradicar, lo primero es reconocerlos, como en cualquier vicio. Después de salir de la negación, podrá comenzar a eliminarlos sin problemas. Enfréntelos. No les tema.

Los vicios más comunes de los textos

Primer vicio: lenguaje arcaico

Escribir con palabras arcaicas y anticuadas es uno de los vicios que más afecta a la comunicación en las entidades.

El paradigma de los arcaísmos consiste en creer que escribir con un lenguaje jurásico, y «fosílico», es escribir bien. Aunque no le entiendan nada. Pero que le crean por su formalismo clásico y rígido.

Quien escribe en una entidad, debe enfocarse en los resultados. En la efectividad. En el impacto para el negocio. No en tratar de lucirse con una retórica grandilocuente.

Hasta los jóvenes de veinticinco años padecen este vicio y, por acudir a ese lenguaje arcaico, pasan por prepotentes. No porque lo sean, sino porque el «tono» empleado con los arcaísmos suena un tanto arrogante.

Están sumergidos en una cultura en la que todos piensan que escribir bien es usar ese lenguaje obsoleto y que si no lo utilizan, los podrán tildar de poco formales y hasta de «irrespetuosos».

Quienes trabajan en las entidades, traen el paradigma desde las aulas del colegio y la universidad. Escriben así porque así escribían algunos de sus profesores y los profesores de sus profesores, durante generaciones.

Y porque algunos de sus importantes jefes y compañeros todavía escriben así.

Un asunto cultural

El asunto es generacional. Cultural. Para transformar las culturas empresariales de la comunicación escrita debemos cambiar el lenguaje de sus textos. Y para cambiar estos, es necesario crear primero conciencia sobre la necesidad de hacerlo.

Un desafío casi que quijotesco. Pero después de estos años de lucha con el tema, ahora son muchos más los que están dispuestos a seguir en la batalla contra los molinos de viento gigantes que amenazan la fluidez de la comunicación.

Ya hemos avanzado bastante. Pero falta mucho más. En la era del Facebook, del chat y de la comunicación electrónica, no podemos continuar con saludos empresariales pesados y enmohecidos.

Las frases acartonadas de «cordialmente me dirijo a usted...», «de acuerdo con la pasada reunión» o «le reiteramos nuestra irresoluta voluntad de servicio...», no tienen nada que ver con la mentalidad de las nuevas generaciones.

Jóvenes ejecutivos que vienen con todo el impulso, escriben con rapidez alarmante, a la velocidad del pensamiento y utilizan en el chat palabras abreviadas como «kiubo», «psbn» y muchas más.

Obvio que tampoco se trata de escribirle así al jefe. ¡Ni más faltaba! Pero es necesaria la innovación urgente del lenguaje empresarial.

O existirá una cada vez peor incongruencia del lenguaje arcaico con la herramienta veloz de la intranet empresarial.

Los medios de comunicación virtuales de la empresa, y del mundo entero, exigen sencillez, claridad, brevedad y modernidad. Para eso fueron diseñados, para facilitar, no para entorpecer o dificultar los procesos con un lenguaje anticuado y reforzado.

Minimalismo puro

Si a la arquitectura, al diseño de interiores, al diseño de modas, a la publicidad y a todas las formas de la comunicación se les aplica hoy la tendencia del minimalismo, con el lema de «menos es más», ¿por qué no comenzamos a aplicarla también a la comunicación escrita?

Los jóvenes ejecutivos, abogados, ingenieros, economistas, administradores de empresas, contadores, médicos, arquitectos, deben pasar de los textos vestidos como «de corbatín», a los textos libres, frescos, actuales, sencillos.

Pasar a los textos como vestidos «de corbata» verde ácida y moderna. Consecuentes con los tiempos.

¡Por favor!, arcaísmos como «evidentemente», «en efecto» o «cabe aclarar», ¡no caben! en la redacción virtual de hoy.

Hay que remodelar la redacción. Pasar del rococó y el barroco de los textos, a la simplicidad del *loft* (sencillez) en la comunicación escrita. Aunque nos duela, sacar de nuestro glosario diario el baúl lleno de palabras viejas.

Es urgente pasar de lo recargado a lo sencillo. Entrar en la dimensión de la simplicidad en la redacción. Por el bien de la claridad y de la fluidez.

El Helm Bank, antes Banco de Crédito, es un modelo ejemplar en este asunto. Incluso en su nueva imagen, en Colombia, utiliza este lema encantador: ¡el valor de lo simple!

En esta entidad, capacito profesionales en la competencia de la comunicación —escrita y oral—, desde hace cinco años. En varias vicepresidencias y con once promociones de Helm University, para nuevos gerentes.

La nueva imagen y el lema del Helm Bank en Colombia es cada vez más consecuente con su comunicación escrita. Sencilla, moderna, clara y de alto impacto.

Allí, y en todos los escenarios empresariales y académicos enseño que, en sentido figurado, debemos pasar de lo «jurásico» a lo «tcherássico».

Es decir, del estilo como con «corpiño» anticuado y rígido de los textos, a los que yo llamo de tendencia Tcherassi: sin costuras fruncidas, libre, como para una pasarela en Milán, como homenaje a la famosa diseñadora colombiana Silvia Tcherassi.

Es el arte de escribir con fluidez. Puro *flow* (flujo). Simple, fácil y sencillo. Se puede describir con una onomatopeya divertida: ¡zas!

El concepto de *flow* en castellano se traduce como «fluir» o «flujo». En psicología, lo ha desarrollado el Mihaly Csikszentmihalyi. Y lo define como «un estado en el que la persona se encuentra completamente absorta».

Una actividad para su propio placer y disfrute, durante la cual el tiempo vuela y las acciones, pensamientos y movimientos se suceden unos a otros sin pausa.

Todo el ser está involucrado en esa actividad. La persona utiliza sus destrezas y habilidades llevándolas hasta el extremo. Se dice que alguien está en o tiene *flow* cuando se encuentra completamente absorbido por una actividad durante la cual pierde la noción del tiempo y experimenta una enorme satisfacción.

EJEMPLO

NO DIGA:

Cordialmente me dirijo a usted para solicitarle el favor de servirse enviar al área de crédito financiero los documentos pertinentes a la reunión celebrada en días pasados en el recinto de la presidencia del banco.

DIGA:

Para agilizar el proceso de crédito financiero, solicito enviar a nuestra oficina los documentos sobre la reunión en la presidencia.

Segundo vicio: exceso de gerundios

Los gerundios son la forma verbal terminada en «ando», «endo». Una de las más abusadas en los textos. Por el mismo paradigma de pensar que escribir bien es utilizar un lenguaje anticuado, muy formal.

Un ejecutivo prefiere decir: «Una entidad que ha venido realizando» a «una entidad que realiza», o «una entidad que realizó», porque le parece que el presente normal y sencillo no es suficiente.

El gerundio no es malo. Hay frases en las que debe ir porque son en presente continuo. El problema es el abuso. Es tratar de decir todas las acciones como «gerundiando».

Con los vicios de la redacción, sucede lo mismo que con todas las adicciones. El café no es malo. El problema es el exceso. Y lo mismo sucede con el vino, las harinas y el dulce.

El exceso de gerundios es un vicio muy generalizado en la redacción empresarial. Es demasiado frecuente encontrarse con párrafos plagados de «gerunditis» como, por ejemplo:

«Teniendo en cuenta lo anterior, le confirmamos que nuestra empresa está construyendo una cultura de cambio, que le permita ir generando un mejoramiento continuo, concibiendo así un crecimiento que le lleve a seguir transformando a sus profesionales».

¿Cuándo se usan los gerundios?

Para saber si las terminaciones «ando» y «endo» están bien usadas, es clave una pregunta acerca del sujeto.

EJEMPLO

El presidente llegó corriendo.

La pregunta es: ¿cómo llegó el presidente? La respuesta es: corriendo. En ese caso está bien empleado el gerundio.

Otra clave para evitar confusiones es escribir el gerundio lo más cerca posible al sujeto. Es diferente decir: «Vi al gerente escribiendo», que «escribiendo vi al gerente». En este último caso, parece que fuera yo quien estaba escribiendo, no el gerente.

Pero el principal vicio del gerundio es repetirlo en exceso en un mismo párrafo.

EJEMPLO

El director del área llegó corriendo, hasta que se miró las manos sonriendo, como si estuviera mirando una cascada brotando agua, generando así un ambiente de armonía y proyectándose como una persona siempre amable.

Los gerundios no se deben erradicar por completo por temor, pero tampoco se puede abusar de ellos, «creyendo que exagerando estaremos encontrando una forma de escribir adornando más el texto, lo cual va, más bien, empobreciéndolo y acabándolo».

EJEMPLOS DE GERUNDIOS MAL EMPLEADOS

- Llegó a la reunión sent*ándose*.

  Porque la acción de llegar y la de sentarse no se pueden dar en forma simultánea. ¡Y ese no es un modo de llegar a ningún lado!

  Es correcto: «Llegó y se sentó» o «Llegó, se sentó y dijo...».

- El banco nació en Bogotá, Colombia, *siendo* hijo de una de las entidades más prestigiosas de Suiza.

  Porque nada nace ya «*siendo*» hijo, ¡es una extraña manera de nacer!

  Es correcto: «Nació en Bogotá, Colombia. Es hijo de una de las entidades...».

- Un archivo conteni*endo*.

  Viene del galicismo «une bote contenaint».

  La mejor forma en español sería: «Un archivo que contiene» o mejor: «un archivo con...».

- Vi un departamento creci*endo* bien.

  Está mal empleado, porque el gerundio en español no expresa cualidades.

  Además, por temporalidad, no es posible quedarse todo el tiempo para ver un departamento mientras crece.

Es mejor decir: «Un departamento creciente...» o «Un departamento que crece...».

- El avión se estrelló *siendo* encontrado... el agresor huyó *siendo* detenido.

 La acción que indica el gerundio no puede ser posterior a la del verbo principal.

 Es correcto: «El avión se estrelló y fue encontrado» o «El agresor huyó y fue detenido».

Tercer vicio: terminaciones en «mente»

Otro vicio muy común es el exceso de las terminaciones en «*mente*».

Se considera abuso, cuando:

- Se repiten: cordialmente, generalmente, básicamente, respectivamente... en el mismo párrafo.
- Cuando su uso se nota compulsivo, durante todo el documento. Inicia una frase con comedida*mente*, continúa con evidente*mente* y termina con atenta*mente*. Mejor dicho, un texto de... *mente*.

EJEMPLO 1

NO DIGA:

Cordial*mente* me dirijo a usted para solicitarle su atención a esta petición que repetida*mente* le he enviado, pero que real*mente* no ha tenido éxito hasta la fecha. Cordial*mente*... firma.

DIGA:

Solicito su atención a esta petición. La he enviado varias veces, pero no he obtenido respuesta.

EJEMPLO 2

NO DIGA:

Me dirijo a usted atenta*mente*, para informarle acerca del «Taller de redacción», para aprender la forma como se escribe correcta*mente* y así alcanzar mayores logros diaria*mente* en la empresa.

DIGA:

Un taller de redacción para aprender la forma correcta de escribir y así alcanzar mayores logros diarios en la empresa.

EJEMPLO 3

NO DIGA:

El crédito inicial*mente* eliminó el saldo diferido de los consumos adecuados el 30 de mayo, como se indicó anterior*mente*.

Adicional*mente*, el consumo nuevo realizado...

DIGA:

El crédito eliminó el saldo diferido de los consumos adecuados el 30 de mayo, tal como se indicó.

Además, el consumo nuevo realizado...

EJEMPLO 4

NO DIGA:

Así mismo, le ratificamos lo expuesto en nuestra comunicación de junio 17, en la cual le manifestamos que para realizar la transacción en forma efectiva, necesa*ria*mente hubo presencia de la tarjeta y técnica*mente* identificación de la banda magnética y de la clave ingresada por el usuario.

DIGA:

Para realizar la transacción en forma efectiva, se utilizó la tarjeta con la identificación técnica de la banda magnética y de la clave ingresada por el usuario.

Cuarto vicio: queísmo: abuso del «que»

El *que* empleado en exceso es otro de los vicios más frecuentes en la redacción. Se detecta aun en los mejores redactores empresariales.

EJEMPLO 1

NO DIGA:

En el caso *que* nos ocupa, creemos *que* la empresa debe cancelar la totalidad de la deuda al cliente, puesto *que* entendemos la situación y sabemos *que* le asiste la razón, pero *que*, sin embargo, no fue en forma intencional, sino involuntaria.

DIGA:

La empresa debe cancelar la totalidad de la deuda al cliente. Entendemos la situación y le damos la razón. Sin embargo, la falla no fue intencional, sino involuntaria.

EJEMPLO 2

NO DIGA:

Ofrecemos nuestras sinceras disculpas por los inconvenientes que le pudimos generar, las cuales esperamos sean aceptadas, ya que para nosotros es muy importante seguir contando con socios como usted, que nos generan tantas satisfacciones.

DIGA:

Le pedimos disculpas por los inconvenientes causados. Para nosotros es muy importante contar con socios como usted.

EJEMPLO 3

NO DIGA:

El doctor Mario Hernández dirige el área de capacitación, división de recursos humanos, *que* cuenta con un excelente sistema de entrenamiento pedagógico.

Cabe la pregunta: ¿quién cuenta con un excelente sistema pedagógico?

- ¿El doctor Mario Hernández?
- ¿El área de capacitación?
- ¿La división de recursos humanos?

DIGA:

El área de capacitación de recursos humanos, bajo la dirección del doctor Mario Hernández, cuenta con excelentes programas.

EJEMPLO 4

NO DIGA:

El doctor Mario Hernández, *que* ha presentado el plan de desarrollo de la empresa.

Si prescindimos del *que*, dice lo mismo, pero más claro:

El doctor Mario Hernández, ha presentado el plan de desarrollo de la empresa.

Se emplea bien cuando se trata de una oración incisiva o secundaria:

El doctor Mario Hernández, *que* ha presentado el plan de desarrollo de la empresa, cuenta con un presupuesto suficiente para implementarlo.

La manera más sencilla y clara sería:

El doctor Mario Hernández ha presentado el plan de desarrollo de la empresa, con un presupuesto suficiente para implementarlo.

Quinto vicio: *de que y «dequefobia»*

Por décadas, los escritores utilizaron el «*de que*» para demostrar «*de que*» sabían expresarse bien. Pero solo consiguieron el efecto contrario.

El abuso del «*de que*» llevó a la mayoría de los redactores a detestarlo.

Escritores de todos los niveles, edades y áreas en las corporaciones, sienten hoy rechazo absoluto cuando se les menciona la posibilidad de insertar un «*de que*» en sus textos.

A este fenómeno muy particular en la comunicación escrita lo llamaremos «dequefobia».

A la dificultad de escribir cada día se suma un problema más: no saber qué hacer con el de que. Ni con la dequefobia.

Durante los años sesenta se impuso en la redacción de libros, periódicos, discursos políticos y comunicaciones empresariales el «*de que*» como «moda» o tendencia en la redacción. Pero el abuso, como siempre, terminó por convertirse en vicio.

Fue por eso que los editores y correctores de los ochenta comenzaron a eliminarlo por completo.

Debido a ello, a partir de los noventa, se inició un rechazo total al uso del «*de que*». Esto terminó por generar un vicio peor: la «dequefobia»

Fue así como todos comenzaron a eliminarlo, aun en los casos en que sí era correcta su utilización.

Cuestión de equilibrio: cuándo incluir el «de que»

Para saber cuándo utilizar un «*de que*», podemos plantearnos una pregunta clave que nos ayudará de inmediato a saber si va o no va en la frase.

Si la pregunta incluye el «de que» y la respuesta también, ese «de que» es correcto. Puede emplearlo... ¡aunque le aterre!

Es importante también empezar a detectar su propia «dequefobia» y controlarla. Porque en algunos casos, cuando debería ir el «de que», lo eliminamos o lo evadimos. Dejamos solo el «que», y quitamos el «de».

Pero como en muchas frases el «de» es la preposición inseparable, el asunto empeora. Queda el «que» como en un baile suelto, sin ton ni son.

Mi propuesta es acudir al equilibrio. Para conseguirlo, es importante entender bien cuándo sí y cuándo no emplear el «de que».

Pero si en definitiva no sabe, ni después de aplicar la pregunta clave, entonces lo mejor es acudir a la antigua y sabia máxima para buenos redactores, recomendada por los expertos, como Martín Vivaldi: «En la duda, abstente».

EJEMPLO 1

«Estoy seguro *de que* fue cancelada la deuda...».

La pregunta clave es: «*¿De qué* estoy seguro?».

La respuesta es: «*De que* fue cancelada la deuda».

Si la pregunta y la respuesta incluyen el «de que», como en este caso, es correcto. Aunque padezca la «alergia» de la común «dequefobia».

Piense en esto: usted no se pregunta: «*¿Qué* estoy seguro?», sino «*¿De qué* estoy seguro?».

EJEMPLO 2

«Se trata *de que* introduzca su clave en el momento adecuado...».

La pregunta clave es: «*¿De qué* se trata...?».

La respuesta es: «*De que* introduzca su clave en el momento adecuado».

Si la pregunta y la respuesta incluyen el «de que», como en este caso, el «de que» es correcto.

También puede saber si es correcto, al mirar la palabra anterior. Si es un sustantivo, el *de que* puede emplearse y *no* hay error.

EJEMPLO 3

Esta es la cuenta *de que* le había hablado.

El sustantivo es la cuenta. Si elimino el *de que*, sería: Esta es la cuenta *que* le había hablado.

Parece que la cuenta ¡habló! Por consiguiente, *no* se puede eliminar el de que. Aunque en este caso la gente, por «dequefobia» diga: «Esta es la cuenta *de la cual* le había hablado». O «esta es la cuenta *que* le mencioné».

EJEMPLO 4

La gerencia tiene la certeza *de que* fue una estrategia adecuada.

Los convenció con el argumento *de que* era un experto en el tema financiero.

Abrigo la esperanza *de que* mi hermano llegue antes de Navidad.

Si eliminamos el «de» en algunas frases, en las que el «de que» es correcto, entonces quedarían incorrectas:

El hecho *que* no haya pagado este mes, no significa que sea un mal cliente.

La noticia *que* bajaron los intereses, no llegó.

La gerencia tiene la certeza *que* fue una estrategia adecuada.

Los convenció con el argumento *que* era un experto en el tema financiero.

EJEMPLO 5

NO DIGA:

Entendemos *de que* usted no se encuentra muy bien de salud.

DIGA:

Entendemos que usted no se encuentra muy bien de salud.

EJEMPLO 6

NO DIGA:

Le ordenó *de que* se abstuviera de implementar el programa en ese computador.

DIGA:

Le ordenó abstenerse de implementar el programa en el computador.

Le ordenó que se abstuviera de implementar el programa en el computador.

EJEMPLO 7

NO DIGA:

El 7 de julio de 2009 se efectuó el trámite correspondiente para aplicar los ajustes de crédito necesarios, con el fin *de que* la deuda de su tarjeta de crédito quedara en cero *ya que* con el último pago, la deuda de su tarjeta quedaba al día.

DIGA:

El 7 de julio de 2009 se efectuó el trámite con los ajustes de crédito necesarios *para* dejar la deuda en cero. Con el último pago, su tarjeta quedaba al día.

Sexto vicio: seísmo

Es el vicio de repetir el vocablo *se* en un párrafo. Genera un tono un poco raro en el mensaje. Parece como si fuera un militar: «Se perciben anomalías, señor»; una profesora rígida: «Se tiene que hacer la tarea»; o un emprendedor vendedor paisa que a todo responde: «Se le tiene...».

Muchos de los textos empresariales comienzan y terminan con un «seísmo» afanoso.

EJEMPLO

NO DIGA:

Se percibe una alta recuperación de las ganancias en el mercado, y de esta manera *se* pueden elevar los beneficios que *se* tienen previstos para el año 2015 y *se* alcanzarán a homologar los niveles de rentabilidad que *se* tienen proyectados para el próximo año.

DIGA:

La alta recuperación de las ganancias en el mercado puede elevar los beneficios previstos para el año 2015. Los niveles de rentabilidad proyectados para el próximo año serán homologados.

Séptimo vicio: deísmo

El «deísmo» consiste en repetir la preposición «de» en todas las frases. Parece que el escritor empresarial no se da cuenta de todas las veces que lo aplica, como si le pasara inadvertido.

Pero al tomar el «Taller de expresión escrita», parece como si se efectuara una cirugía láser de miopía: al salir de la sala de operación, puede ver todo con exactitud y advierte hasta el más mínimo detalle.

EJEMPLO

NO DIGA:

El avance acelerado *de* los precios *de* los productos, *de*muestra la calidad *de* cada uno *de* ellos y *de*ja ver el interés *de* nuestra entidad por presentar, *de* todo su catálogo, lo mejor *de* lo mejor.

DIGA:

El avance exitoso muestra la excelente calidad de nuestros productos. También permite ver lo mejor del catálogo empresarial.

Octavo vicio: «Yotacismo»

Yotacismo es el uso exagerado de la letra «y» en un texto. Este también es uno de los vicios más usuales en los párrafos y documentos corporativos.

El yotacismo trae consigo otros vicios iguales o peores, como el de los párrafos demasiado largos y... confusos, el enredo de las ideas y... la falta de precisión y... claridad y...

La falta de puntuación es la causante número uno del «yotacismo». Porque las personas le temen al punto seguido. Quieren continuar y continuar y continuar. No saben cómo concretar sus ideas.

EJEMPLO

NO DIGA:

El banco es una entidad líder *y* confiable, *y* en los últimos años ha desarrollado los procesos de cambio *y* transformación *y* mejoramiento continuo *y* permanente, que demuestran la calidad de nuestros servicios *y* el desarrollo de los profesionales de la entidad *y* sus filiales.

DIGA:

El banco es una entidad líder. En los últimos años ha desarrollado procesos de mejoramiento continuo que demuestran la calidad de sus servicios.

Noveno vicio: cacofonía

Cacofonía (del griego *cacos*, que significa feo, y *fonos*, sonido).

Es la repetición desagradable de sonidos iguales o semejantes. Las cacofonías surgen por el vicio de escribir palabras que no armonizan al unirse.

Denotan la pereza del redactor. El poco interés por la excelencia y por guardar la belleza del lenguaje.

EJEMPLO 1

NO DIGA:

Han habido grandes cantidades.

DIGA:

Ha habido grandes cantidades.

Han existido grandes cantidades.

El error común está en no saber que el verbo «haber» es unipersonal.

No se puede concordar con el sustantivo que está en plural —en este caso: «grandes cantidades»—, por lo tanto se dice: «Ha habido grandes cantidades». Y no: «han habido».

EJEMPLO 2

NO DIGA:

Una hamaca *café, cálida* y hermosa...

DIGA:

Una hamaca marrón, cálida y hermosa...

Un chinchorro sepia, cálido y hermoso...

EJEMPLO 3

NO DIGA:

Un *cheque chequeado* en el banco por sus irregularidades.

DIGA:

Un *cheque revisado* en el banco por sus irregularidades.

EJEMPLO 4

NO DIGA:

Debido a un error en la *inclusión de la información* al sistema, se efectuó su *exclusión* del boletín.

DIGA:

Debido a un error de información en el sistema, se excluyó del boletín.

EJEMPLO 5

NO DIGA:

En aten*ción* a su solicitud presentada en nuestra oficina, nos permitimos detallarle el movimiento de su tarjeta para la factura*ción* de octubre de 2009, sin tener en cuenta el pago aplicado erradamente a su tarjeta para su respectiva verifica*ción*.

DIGA:

Con gusto le detallamos el movimiento de su tarjeta durante el mes de octubre de 2009. Verificaremos el error del pago aplicado.

EJEMPLO 6

NO DIGA:

...que correspon*de* al *dé*bito *de* los intereses *de* la reversión *de pago*, ya que el *pago* inicial*mente había abonado* a la diferencia pendi*ente* por cancelar *del pago* mínimo facturado el 30 de noviembre y al saldo diferido *de* los consumos más antiguos *de* la siguiente manera...

DIGA:

Presenta el débito por los intereses que corresponden a la reversión del pago. Abonó a la diferencia pendiente del mínimo facturado el 30 de noviembre y al saldo diferido de los consumos más antiguos, así...

Décimo vicio: monotonía

Este vicio consiste en la repetición insistente, plana, pobre y aburrida de las mismas palabras en un párrafo o documento.

Es la rutina de las palabras. Denota pobreza del vocabulario, conformismo y mediocridad en el redactor.

EJEMPLO 1

NO DIGA:

Colombia, un país *de* grandes riquezas, *de* mujeres bellas, *de* imponentes paisajes, *de* hermosas esmeraldas, *del* mejor café *del* mundo...

DIGA:

Colombia, país de grandes riquezas, mujeres bellas, imponentes paisajes, hermosas esmeraldas y el mejor café del mundo...

EJEMPLO 2

NO DIGA:

Teniendo en *cuenta* lo anterior, los pagos ingresaron correcta**mente** a sus estados de *cuenta* en referencia, por lo cual el saldo que *tiene* a la fecha es real y le corresponde.

DIGA:

Los pagos ingresaron en forma correcta a sus estados de cuenta en referencia. Por ello el saldo confirmado a la fecha es real y le corresponde.

EJEMPLO 3

NO DIGA:

Es importante *mencionar que* los ajustes *de* crédito antes *mencionados* aplicaron el 4 de marzo, antes *de que* ingresara el *pago* realizado *por* usted, *por* la suma de $800.000, razón *por* la cual inicial*mente* cubrieron el *pago* mínimo, correspond*iente* a intereses corri*entes* y capital facturado y con lo restante el sistema abonó parcial*mente*.

Adicionalmente, al ingresar el pago de $800.000, debido a *que* el *pago* mínimo ya estaba cubierto, el sistema adicionó *dicha* suma al documento número... bajo el descriptivo..., ocasion*ando que* el capital facturado para *dicho* documento, en marzo disminuyera de $... a $... reflej*ándose* en su extracto así:

DIGA:

Los ajustes de crédito mencionados aplicaron el 4 de marzo, antes de ingresar su pago de $800.000. Por esta razón, se cubrió primero el pago mínimo, correspondiente a intereses corrientes y capital facturado. Con el resto, el sistema elaboró un abono parcial.

Además, al ingresar los $800.000, el pago mínimo ya aparecía cubierto. Por eso el sistema adicionó dicha suma al documento número... bajo el descriptivo... Además, el capital facturado en marzo disminuyó de $... a $... Se refleja en su extracto así:

EJEMPLO 4

NO DIGA:

Por otra parte, le informamos que el cobro doblemente facturado de... por valor de... y ... facturados en mayo, corresponde a la cuota de la póliza del mes de abril y mayo respectivamente, debido a que en abril no se facturaron, ya que la tarjeta se encontraba bloqueada por mora.

DIGA:

El cobro de... con doble factura por valor de $... y $... de mayo, corresponde a la cuota de la póliza de los meses de abril y mayo. En abril no figura porque la tarjeta se encontraba bloqueada por mora.

Décimo primer vicio: neologismos, barbarismos y esnobismos

Neologismo

Neologismo es toda palabra o concepto nuevo que ingresa al mundo ejecutivo, empresarial, procedente de otro idioma. Como son: *coaching* [entrenamiento], *management* [gerencia], *core business* [competencia básica], *lap top* [computadora portátil], *subject* [asunto o tema], *brochure* [folleto], *branding* [marcaje], *benchmarking* [proceso evaluativo comparativo], *reengineering* [reingeniería]...

Barbarismo

El barbarismo es un vicio contra la propiedad del lenguaje que consiste en la aceptación de palabras extrañas en el idioma propio. Proviene del griego «bárbaro», que significa extranjero. Porque los griegos llamaban «bárbaros» a todos los extranjeros.

Consiste en terminar por pronunciar mal las palabras de un idioma extranjero, por su uso y abuso. Y las autoridades de la lengua, terminan por aceptarlas como propias.

Son las palabras tomadas de otros idiomas y aplicadas al español en forma inadecuada. Pueden ser:

- Anglicismos, del inglés.
- Galicismos, del francés.
- Germanismos, del alemán.
- Italianismos, del italiano.
- Americanismos, de Hispanoamérica.
- O de cualquier otro idioma y dialecto.

En la cultura empresarial se utilizan con frecuencia, ya que se lidia con un lenguaje especializado, cuyos avances tecnológicos adoptan términos de otros idiomas como el inglés, francés o alemán y los vocablos para indicarlos no existen aún en español. Por ello terminan por adoptarse como propios. Aunque a veces mal escritos o pronunciados.

EJEMPLOS:

- *Video beam* [Proyector de video multimedia]
- *D.V.D.* [Disco versátil digital]
- *Web mail*
- *Subject* [tema o asunto]
- *E-mail* [correo electrónico]
- *Forward* [reenviar]

Es usual escuchar decir a un par de ejecutivos, en el pasillo, cosas como: por favor, «forwardéame» el correo. Quiere decir, reenvíamelo. O «dímelo en el subject», es decir, en el «asunto» del correo.

Así la cultura empresarial de hoy se mueve entre profesionales, hombres y mujeres, todos jóvenes, bellos, muy bien presentados —como para un «casting» publicitario de ejecutivos— que hablan todo el tiempo en «spanglish», entre español e inglés.

Esnobismos

Un esnobismo es una palabra dicha o escrita como moda o tendencia.

El paradigma es creerse más «in» si pronuncia los términos en otro idioma, aunque la palabra exista en el español.

EJEMPLOS:

- «Coffee break» en vez de «café o refrigerio»
- «Marketing» en vez de «mercadeo»

No podemos admitir en Colombia, la tierra del café más rico del mundo, decir «coffee break». Porque si no tendríamos que decir: «John Valdez Coffee» y no «Café Juan Valdez».

Esta es una marca que nos da identidad, tradición y sentido de pertenencia. Como el mismo café. Por eso no la podemos «esnobizar».

Pero, la verdad, tampoco creo en el exagerado complejo tercermundista de no poder decir nada en inglés, para proteger la identidad.

En este caso, como en todos los anteriores, y en los que vendrán, creo sin lugar a dudas, que la clave más importante para que un ejecutivo alcance un buen uso del lenguaje cotidiano es el equilibrio.

En resumen, creo que los neologismos, en el ámbito empresarial en especial, no se pueden evitar.

Por eso, mientras no exista una palabra igual o parecida en el idioma con que se pueda pronunciar un concepto nuevo, que venga del inglés o de cualquier otro idioma, usted debe utilizarlo, sin problemas. Hasta puede alardear si quiere.

Pero lo que no puede admitirse, por nada del mundo, es el juego de los barbarismos y esnobismos que cambian las hermosas palabras del idioma español, por vocablos que en otro idioma no son tan bellos. El resultado es un desastre de la comunicación empresarial. Aquí no caben los alardes.

Décimo segundo vicio: verbos empobrecedores

Los verbos empobrecedores son aquellos que le restan valor al texto por ser comunes y poco elegantes. Denotan la pereza mental del escritor y la pobreza de su estilo.

Por lo general, se pueden cambiar por otros más bellos que se ajustan más al sentido exacto de la frase. Pero el redactor no los emplea porque considera más fácil utilizar los que ya se sabe de memoria y trata de manera automática.

Con un poco de:

- disciplina mental
- espíritu de excelencia
- motivación adecuada

hasta los redactores más elementales lucirán elocuentes, gracias al esfuerzo de reemplazar estos verbos por aquellos que son sinónimos y que enriquecen y embellecen el estilo.

Se consideran verbos empobrecedores los más comunes. No porque sean pobres o feos en sí mismos, sino por el uso excesivo e inadecuado que se hace de ellos lo que termina empobreciendo el texto.

Entre ellos se encuentran:

- Poner
- Hacer
- Tener
- Coger

Cuando el lenguaje empresarial se vuelve rutinario y usa formatos preestablecidos tiende a emplear, con preocupante y fastidiosa frecuencia, esos verbos empobrecedores.

La invitación es a ejercitar el músculo intelectual que convierta en hábito positivo el uso de verbos ricos en expresión.

«Poner»

Basta con cambiar el verbo poner por otro verbo más bello y adecuado:

EJEMPLO 1

NO DIGA:

Poner en orden las ideas.

DIGA:

Ordenar las ideas.

EJEMPLO 2

NO DIGA:

El banco *puso* en movimiento un nuevo sistema.

DIGA:

El banco implementó un nuevo sistema.

EJEMPLO 3

NO DIGA:

Poner la base de datos en el programa.

DIGA:

Copiar la base de datos en el programa.

EJEMPLO 4

NO DIGA:

Poner un mensaje en el correo electrónico.

DIGA:

Enviar un mensaje por el correo electrónico.

EJEMPLO 5

NO DIGA:

Poner el cobro en la factura correspondiente.

DIGA:

Registrar el cobro en la factura correspondiente.

EJEMPLO 6

NO DIGA:

No *ponga* el número de su clave en ningún lugar visible.

DIGA:

No escriba el número de su clave en ningún lugar visible.

LA PREGUNTA CLAVE

Para saber cómo cambiar el verbo empobrecedor, por uno enriquecedor, la clave es —como en los anteriores vicios— una pregunta:

¿Cuál es la *acción* realizada?

El verbo es la acción del texto.

En el principio era el Verbo. Y en el Verbo está la vida, dice Juan I.

Bueno, pero si el verbo es la vida del texto, si es tan importante para la calidad de la redacción, ¿por qué solo aplicamos verbos empobrecedores a la redacción de todos los días?...

Las personas que utilizan verbos enriquecedores conocen bien el secreto, saben bien que la vida del lenguaje se encuentra en los verbos más bellos.

Ellos son los que siempre se lucen cuando escriben y nadie sabe por qué, pero la clave está en la calidad de sus verbos.

En su profesión, oficio, área de trabajo, existen verbos especiales a los que puede acudir cuando escriba.

No se conforme con los verbos pobres: poner, coger, hacer, tener... Empiece a incluir los verbos más ricos: incluir, facilitar, maximizar, empoderar, mejorar... ¡y mil más!

No se imagina todo lo que su redacción subirá de nivel con los verbos enriquecedores y embellecedores. ¡Compruébelo!

ENTRE «PONER» Y «COLOCAR»:

Debo aclarar aquí que aunque el verbo «poner» se encuentra en mi lista de los considerados empobrecedores y viciosos, no creo que deba cambiarse en todos los casos por el verbo «colocar», que tanto se ha «colocado» de moda.

Estoy de acuerdo con Juan Gossaín, director de Radio Sucesos RCN y miembro correspondiente de la Academia Colombiana de la Lengua, en su posición acerca del verbo «poner».

Disfruté mucho su exquisita ponencia titulada: «De gallinas y verbos», presentada en el IV Congreso

Internacional de la Lengua Española en la ciudad de Cartagena de Indias, Gossaín se declara abogado defensor del verbo «poner» frente a la amenaza del verbo «colocar».

Dice cosas tan buenas, que lo mejor es leer y disfrutar el texto de su genial presentación. Y me conecto con él completamente.

En mis talleres y capacitaciones he enseñado siempre que, aunque no se debe «poner» todo... tampoco podemos entrar en la «ponefobia».

No se trata de abolir el verbo «poner» por completo, para cambiarlo por «colocar». Hay muchos casos en los que sí se debe «colocar» el verbo «poner». Y otros en que se debe «poner» el verbo «colocar».

Digo, por ejemplo, que yo no me «coloco» brava... ni me «coloco» las botas, ni me «coloco» la fiesta de ruana...

En este caso, como en todos, mi propuesta es equilibrada. NO se trata de eliminar el verbo «poner». Pero tampoco de eliminarlo por completo, para entrar en la «colocamanía» de «colocarlo» todo.

Otros sinónimos de «poner»

Existen otros verbos que se pueden «poner», en vez de ponerlo todo, como las gallinas.

EJEMPLOS:

Un correo electrónico... se *envía*... no se pone, ni se coloca.

El cobro en una factura... se *registra*... no se pone, ni se coloca.

La base de datos... se *copia*... no se pone, ni se coloca.

Las ideas... se *ordenan*... no se ponen en orden, ni se colocan en orden.

«Hacer»

EJEMPLO 1

Hacer una interesante carrera financiera.

Realizar una interesante carrera financiera.

EJEMPLO 2

Me han encargado *hacer* un informe del estado de su cuenta.

Me han encargado detallar un informe del estado de su cuenta.

EJEMPLO 3

Hacer un préstamo.

Efectuar un préstamo.

EJEMPLO 4

Hacer un artículo con respecto al derecho de petición radicado.

Redactar un artículo con respecto al derecho de petición radicado.

EJEMPLO 5

La entidad ha *hecho* avances en ese sentido.

La entidad ha avanzado en ese sentido.

EJEMPLO 6

Hacer un viaje para la inauguración de la nueva sede.

Viajar para la inauguración de la nueva sede.

EJEMPLO 7

Hacer honor a los principios y valores de la empresa.

Honrar los principios y valores de la empresa.

EJEMPLO 8

Hacer abstracción del tema en cuestión.
Abstraerse del tema en cuestión.

EJEMPLO 9

Me permito *hacer* una aclaración.
Me permito aclarar.

LA CLAVE DEL VERBO «HACER»

El verbo «hacer» se utiliza en forma correcta cuando se refiere a todo aquello que concierne a «hacer»: oficios, obras, productos, artesanías...

Como en «hacer galletas», «hacer arepas», «hacer un café», «hacer hamacas»... Pero antes de escribirlas, piense si existe un verbo más rico que lo reemplace. Por ejemplo; «preparar», «asar», «tejer»...

«Tener»

Otro que *tiene* que ser trabajado en los textos profesionales es el verbo «*tener*».

Desde «una entidad que *tiene* los mejores ejecutivos», «hemos *tenido* serios problemas», «el área tiene los informes de gestión claros», hasta «*teniendo* en cuenta lo anterior».

Casi todo se «tiene», o se «tiene que»... Tanto de posesión, como de obligación.

Con la mayor desprevención y el peor conformismo, los redactores empresariales se lo aplican a todo. No se dan cuenta que «tienen» a la mano verbos mucho más jugosos para aplicar a la frase.

Como profesionales de primer nivel, «tienen» que enriquecer sus textos. Solo así «tendrán» mayores resultados y un más alto impacto.

EJEMPLO 1

NO DIGA:

Por otra parte, *teniendo* en cuenta que el uso de la tarjeta es restringido y no cuenta con cupo suficiente, queremos pedirle que se acerque a nuestra sucursal.

DIGA:

El uso de la tarjeta es restringido y no cuenta con cupo suficiente. Por eso queremos pedirle que se acerque a nuestra sucursal.

EJEMPLO 2

NO DIGA:

Teniendo en cuenta lo anterior, los pagos realizados ingresaron correctamente a sus estados de cuenta, por lo cual el saldo que *tiene* a la fecha es real y le corresponde.

DIGA:

Los pagos realizados ingresaron correctamente a sus estados de cuenta, por lo cual el saldo que aparece a la fecha es real y le corresponde.

EJEMPLO 3

NO DIGA:

La empresa *tiene* una estrategia de mercadeo inteligente.

DIGA:

La empresa cuenta con una estrategia de mercadeo inteligente.

EJEMPLO 4

NO DIGA:

Usted *tiene* que acercarse a nuestra sede en la carrera séptima.

DIGA:

Usted debe acercarse a nuestra sede en la carrera séptima.

EJEMPLO 5

NO DIGA:

Este plan de pago *tiene* muchos beneficios.

DIGA:

Este plan de pago ofrece muchos beneficios.

EJEMPLO 6

NO DIGA:

Es importante aclarar que, debido a una situación especial del sistema, la cual estamos verificando, los avances realizados fueron autorizados *teniendo* en cuenta el cupo total de su tarjeta.

Para evitar ese tipo de situaciones, a continuación nos permitimos dar a conocer algunas de las medidas de seguridad que se deben *tener* en cuanto al uso de la tarjeta de crédito.

DIGA:

Es importante aclarar que, debido a una situación especial del sistema, la cual estamos verificando, los avances realizados fueron autorizados con base en el cupo total de su tarjeta.

Para evitar ese tipo de situaciones, a continuación nos permitimos dar a conocer algunas de las medidas de seguridad en cuanto al uso de su tarjeta de crédito.

Clave para «tener» en cuenta

El verbo tener se usa para expresar: (a) posesión, (b) obligación. En ambos casos, existen buenos sinónimos para reemplazarlo. En posesión: poseer, obtener, adquirir, contar con... En obligación: deber, necesitar...

En muchos casos, si prescindimos por completo del verbo, obtenemos el mismo resultado, con mejor redacción, como en el caso de: «Tener que frenar», por frenar; tener que decir, por decir; tener que omitir, por omitir.

Otros verbos empobrecedores y fáciles son: «Coger», en vez de adquirir, asir, agarrar, tomar... «Haber», en vez de existir, ser... «Estar», en vez de encontrarse, aparecer, figurar...

Décimo tercer vicio: conectores como «muletillas»

Los conectores son aquellas palabras que, como su nombre lo indica, conectan una idea con otra.

Sirven para ayudar al redactor a mantener desenredada la madeja, el hilo conductor de su mensaje. El resultado es ilación y fluidez.

Son algo así como una especie de señalización que marca el camino.

Pero si se utilizan los conectores, deben ser adecuados y bien aplicados. Decir lo necesario para la conexión, y no otra cosa. De lo contrario, afean, enrarecen y confunden, en vez de aportar claridad al texto.

El vicio de los conectores «muletillas», es decir, mal empleados y empobrecedores, produce una gran contaminación en el ambiente de la comunicación empresarial.

Los conectores entorpecen la fluidez y en vez de «conectar», desvinculan los párrafos. Generan un estrés innecesario en el redactor empresarial. A tal punto, que la directora de una importante entidad del Estado en Colombia, me dijo al terminar la capacitación: «¡Gracias!... me quitaste la "gastritis" de los conectores».

El escritor empresarial utiliza los conectores porque la mayoría de la gente los emplea.

La única forma de salir, en medio del enredo de los párrafos largos, las terminaciones en «mente», la «gerunditis», el queísmo y todos los demás vicios, es con un conector.

El asunto se agrava si nos fijamos en que la mayoría de los conectores son arcaísmos como «en efecto» o «cabe aclarar». Y la verdad, ¡no cabe!... O «teniendo en cuenta lo anterior», que obliga a devolverse, en medio de la confusión.

Si elimina los conectores, el texto se verá mucho mejor. La ilación comenzará a fluir por sí sola. Porque para mí, los conectores son al texto lo que las muletillas a las presentaciones orales.

Del apego desmedido y compulsivo a los conectores, el escritor pasa al vicio de la «conectoritis» aguda. Es decir, ya no puede escribir nada sin «embutir» por lo menos cinco o seis conectores innecesarios y arcaicos.

La fluidez de la redacción empresarial, virtual y electrónica, debe liberarse del sobrepeso excesivo de los conectores.

Cuando en los talleres corporativos realizo el ejercicio de eliminarlos, los participantes entienden la dicha de deshacerse de conectores como: «en efecto», «adicionalmente» o «teniendo en cuenta lo anterior».

El resultado: las comunicaciones son más fáciles, fluidas y efectivas. ¡Y los comunicadores son felices!

Conectores arcaicos más comunes

- Teniendo en cuenta lo anterior...
- Adicionalmente...

- Es de mencionar...
- Con lo anterior, se concluye que...
- Como se puede observar...
- Por lo anterior...
- Vale la pena aclarar...
- Es importante aclarar...
- Es importante destacar...
- De igual manera...
- Cabe aclarar...
- De igual manera...
- Por otra parte...
- En efecto...
- Precisamente...
- No obstante...
- Evidentemente...

Por lo general, el vicio de los conectores incluye otro como el gerundio y las terminaciones en «mente». Como: «Teniendo en cuenta lo anterior» o «adicionalmente».

La clave: el conector solo se debe emplear en caso de ser necesario. No puede convertirse en un rebuscamiento más del redactor para «adornar» con «arandelas» el texto.

Para saber si es necesario, hay que imaginarse el párrafo sin el conector, y si la frase dice lo mismo, se elimina.

Porque un conector debe ser eso: un conector. No un hilo suelto que dañe, desconecte o enrede su mensaje.

En la gran mayoría de los textos, los conectores sobran. Y lo que no sirve... ¡que no estorbe!

La recomendación no es cambiarlos por otros. Sino eliminarlos. Solo así alcanzará la fluidez que tanto necesita en su comunicación escrita.

Pero si cree que en un momento del texto los necesita, por lo menos no utilice los más arcaicos.

Puede acudir a los más actuales, sencillos y, por supuesto, que no incluyan otros vicios como gerundios o terminaciones en «mente».

Utilice: además, por eso, así, sin embargo...

No utilice: en efecto, adicionalmente, cabe aclarar, teniendo en cuenta lo anterior, no obstante...

EJEMPLO 1

<u>NO DIGA</u>:

Con el fin de no efectuar su pago mínimo, la reversión del pago mal abonado se difirió a doce meses, porque los consumos antiguos no presentaban saldo para la facturación de octubre de 2009.

Teniendo en cuenta lo anterior, el saldo y los intereses que a la fecha presenta su tarjeta son correctos.

DIGA:

Para efectuar el pago mínimo, la reversión del pago mal abonado se difirió a doce meses, porque los consumos antiguos no presentaban saldo para la facturación de octubre de 2009.

El saldo y los intereses que a la fecha presenta su tarjeta son correctos.

EJEMPLO 2

NO DIGA:

Por otra parte, *teniendo en cuenta* que el uso de la clave es de estricta responsabilidad del titular de la tarjeta...

DIGA:

El uso de la clave es de estricta responsabilidad del titular de la tarjeta.

EJEMPLO 3

NO DIGA:

Es de aclarar que el cobro de los honorarios se efectúa sobre el pago mínimo adecuado.

DIGA:

El cobro de los honorarios se efectúa sobre el pago mínimo adecuado.

EJEMPLO 4

NO DIGA:

Es importante mencionar que los ajustes de crédito antes mencionados aplicaron el 4 de marzo de 2009.

DIGA:

Los ajustes de crédito antes mencionados aplicaron el 4 de marzo de 2009.

Décimo cuarto vicio: párrafos largos, ladrillos interminables

El vicio de los párrafos largos se suma a todos los anteriores. Es una peste en los textos corporativos.

El problema aquí es que las personas tienen miedo de parar. No saben aplicar el punto seguido y mucho menos el punto aparte.

Piensan que si aplican puntos, el texto queda «partido». Aquí debe quedar bien claro que el punto no parte, sino que ayuda a la ilación.

Me preguntan: «¿Cuándo se considera largo un párrafo?». Mi respuesta es: «Más de cinco líneas ya es largo».

La «métrica» de los párrafos debe medirse con un ritmo interior especial, casi que marcando el paso con el pie debajo de la mesa de su escritorio.

El ejercicio para marcar el ritmo en su mente es algo así: cinco líneas, punto, *enter* baja. Tres líneas, punto, *enter*, baja. Cuatro líneas, punto, *enter* baja. Cinco líneas, punto, *enter*, baja...

Hasta que se convierta en un ritmo interior. Luego en fluidez. Y al final, en estilo personal.

Los párrafos muy extensos obedecen a la incapacidad del redactor de estructurar ideas concretas, claras, sencillas, pero breves, que cuenten con un hilo conductor central y se definan con una puntuación bien ubicada.

Aunque en el tema de puntuación tocaremos este asunto más a fondo, es necesario subrayar que el de los párrafos muy extensos, es un vicio demasiado común y uno de los principales enemigos de la claridad de la redacción.

Por lo general, los párrafos muy largos resultan cuando se unen dos o tres ideas paralelas en un solo «chorizo» interminable, que trata de fraccionarse pero no puede porque no se concreta ni redondea las ideas.

Este vicio denota enredo en las ideas, confusión y falta de claridad. Obliga al lector a devolverse una y otra vez para lograr entender lo que el redactor quiere decir.

Y empeora cuando se le añade el problema de las frases incisivas mal ubicadas, la mala organización de las frases y los cables que van hacia diferentes lados sin saber a ciencia cierta en dónde se deben conectar.

La clave

Para acortar los párrafos, lo primero que se necesita es concretar las ideas de manera simple, rítmica y sencilla. Una tras otra. Separadas por puntos seguidos o puntos y aparte.

Para ello, hay que vencer el miedo a la brevedad; a romper el paradigma de la redacción larga como signo de buena escritura. Eso está mandado a recoger.

Para alcanzar la claridad, armonía y belleza de sus textos virtuales, necesita frases breves y párrafos simplificados. Con gracia. Con ritmo. Con elegante y armoniosa brevedad.

EJEMPLO 1

INCORRECTO:

En relación con los honorarios causados a favor de... y a su cargo, estos se efectuaron sobre el valor del abono realizado por usted y los mismos tienen su fundamento en disposiciones legales tal como la consagrada en el artículo 1629 del Código Civil, «los gastos que ocasionare el pago serán a cargo del deudor...», las cuales indican que en caso de cobro judicial o extrajudicial serán a cargo del deudor los honorarios de cobranza, los que serán exigibles por el solo hecho de trasladarse la cuenta respectiva para su cobranza a otra entidad o persona.

CORRECTO:

Los honorarios causados a favor de... y a su cargo, se efectuaron sobre el valor del abono que usted realizó.

Se fundamentan en disposiciones legales, como la consagrada en el artículo 1629 del Código Civil: «Los gastos que ocasionare el pago serán a cargo del deudor».

En caso de cobro judicial o extrajudicial, los honorarios de cobranza estarán a cargo del deudor.

Serán exigibles por el solo hecho de trasladarse a otra entidad o persona la cuenta respectiva para su cobranza.

EJEMPLO 2

NO DIGA:

La gestión de cobranza conlleva las diligencias necesarias para la recuperación de las obligaciones en mora, bien a través de una instancia extrajudicial en la cual el deudor por el requerimiento del acreedor voluntariamente atiende el pago de lo debido, o bien, a través de la instancia judicial, en la cual el deudor por requerimiento del juez debe atender el pago dentro del término que este le señale, de no hacerlo en esa oportunidad, con la venta en pública subasta de sus bienes. Tanto en un caso como en otro aparecen personas a quienes el deudor debe reconocerles una remuneración por la labor que desarrollan.

DIGA:

La gestión de cobranza conlleva las diligencias necesarias para la recuperación de las obligaciones en mora.

A través de una instancia extrajudicial en la cual el deudor, por requerimiento del acreedor, atiende el pago de lo debido.

También, a través de la instancia judicial en la cual el deudor, por requerimiento del juez, debe atender el pago dentro del término que este le señale.

Si no lo hace en esa oportunidad, será con la venta en pública subasta de sus bienes. En ambos casos, el deudor debe reconocer la remuneración de algunas personas por su labor.

Ejercicios

Gerundios

Diga cuál de los siguientes gerundios son escritos en forma correcta o incorrecta. Si cree que está mal, escriba la forma precisa.

I. Decidí cancelar totalmente la cuenta pagando el saldo pendiente.

_____

_____

2. Se ha estudiado la situación de su tarjeta detallando los movimientos de su estado de cuenta en el banco.

_____

_____

3. La ley prohibiendo la incrementación de impuestos es de hace diez años.

_____

_____

4. Los índices de desnutrición aumentaron velozmente incrementándose la pobreza.

_____

_____

5. Sufrió una grave crisis, empeorando los resultados.

_____

_____

6. Facturando en julio de este año el extracto presentó la siguiente información.

_____

_____

7. Acabo de realizar los ajustes originando el pago mínimo a cancelar.

_____

_____

8. Agradecemos su atención, esperando haber aclarado todas sus inquietudes.

_____

_____

9. Se pasa el día escribiendo.

_____

_____

10. Estaba pagando la cuenta.

_____

_____

Terminaciones en «mente»

Revise las siguientes frases y escriba la forma correcta. Elimine las terminaciones en «mente» y cámbielas por otras más apropiadas.

1. En respuesta a su solicitud, le informamos que hemos analizado los casos A y B respectivamente, cual ha

generado un cambio definitivamente sustancial en nuestra decisión.

_____

_____

_____

_____

2. Teniendo en cuenta que no ha activado su cuenta nos permitimos informarle que ha sido definitivamente cancelada. Adicionalmente le recordamos que el préstamo no ha sido totalmente cubierto. Cordialmente, la gerencia.

_____

_____

_____

_____

3. Teniendo en cuenta que la tarjeta fue bloqueada preventivamente debido a un error de la inclusión de la información en el sistema, se solicitó su exclusión del boletín de este mes. Adicionalmente realizaremos la devolución de la cuota de manejo en su próximo estado de cuenta. Cordialmente, la gerencia.

_____

_____

_____

_____

4. Precisamente, en el caso que nos ocupa, la gestión se inició por el incumplimiento de sus obligaciones dentro de los términos del contrato. De no adelantarse estas acciones, el deudor se verá beneficiado injustificadamente en detrimento de la entidad. Esperamos de esta manera haber atendido satisfactoriamente su solicitud. Cordialmente, coordinadora de operaciones de tarjetas.

_____

_____

_____

5. Por otra parte, le informamos que el cobro doblemente facturado corresponde a la cuota de la póliza de los meses de abril y mayo respectivamente. Cordialmente, coordinadora de operaciones de tarjetas.

_____

_____

_____

6. En atención a su solicitud, nos permitimos detallarle el movimiento de su tarjeta, sin tener en cuenta el pago aplicado erradamente a su tarjeta, para su respectiva verificación. Como se puede observar, el pago inicialmente había abonado a la diferencia. Cordialmente, coordinadora de operaciones de tarjeta.

_____

_____

_____

Dequeísmo

Corrija las siguientes frases:

1. Me avisaron de que no habría reunión esta tarde.

   _____

   _____

   _____

2. Tengo la impresión de que va a llover.

   _____

   _____

   _____

3. Con gusto les informamos de que el precio del dólar bajó.

   _____

   _____

   _____

4. Le explicó de que no podría llevar a cabo esos cobros.

   _____

   _____

   _____

5. La capacidad económica del cliente es grande, a pesar de que tiene muchas deudas.

   _____

   _____

6. La noticia de que tendría un sobregiro le produjo un estrés severo.

_____

_____

7. Siguió comprando, a pesar de que se le avisó que no podría asumir más gastos.

_____

_____

8. La tarjeta de crédito es de estricta responsabilidad del titular, que desde el momento que recibe la clave debe comprometerse a observar las medidas de seguridad, a efecto de que no se dé a conocer a otras personas y que en el sobreflex enviado con la clave asignada se indica que debe ser memorizada y destruida una vez sea recibida, las compañías de seguro no tienen cobertura sobre este tipo de reclamaciones.

_____

_____

_____

_____

Cacofonías y monotonías

Escriba una frase con modos incorrectos de cacofonía y monotonía, respectivamente. Luego escriba los modos correctos de cada frase.

Cacofonía

Modo incorrecto

_____

Modo correcto

_____

Monotonía

Modo incorrecto

_____

Modo correcto

_____

Verbos empobrecedores

Escriba cinco frases con los verbos empobrecedores mencionados en el capítulo (poner, tener, hacer...).

_____

_____

_____

_____

_____

_____

_____

_____

Ahora escríbalas de nuevo, pero con verbos enriquecedores y adecuados.

_____

_____

_____

_____

_____

_____

_____

_____

_____

Párrafos muy largos

Escriba en un párrafo muy largo la descripción de sus actividades diarias.

_____

_____

_____

_____

_____

_____

_____

_____

_____

Ahora hágalo en un párrafo breve y concreto.

_____

_____

_____

_____

_____

_____

_____

_____

CAPÍTULO 2

LA PREPARACIÓN ANTES DE ESCRIBIR

- CÓMO ORDENAR SUS IDEAS
- EL ENFRENTAMIENTO A LA PANTALLA EN BLANCO
- EL SÍNDROME DE PENSAR UNA COSA Y ESCRIBIR OTRA
- LA ENTRADA EN REVERSA

CUANDO USTED QUIERE ORDENAR LA CASA, NECESITA SACAR TODO LO viejo, dañado, roto e inservible.

¡Prepárese! Vamos a remodelar su comunicación escrita. Hasta dejarla como nueva. De alto impacto.

La preparación antes de escribir

Enfrentarse al temor de la pantalla en blanco antes de iniciar un texto en el computador genera un estrés desgastante. El informe que un gerente podría terminar en tres horas, se puede demorar tres días, ¡y hasta tres meses!

Cualquiera que sea el género o tema a tratar, casi siempre se sufre antes de comenzar a escribir. Porque cuando se trata de escribir, lo más difícil es comenzar. Por eso usted le da vueltas al tema, posterga el asunto y, como resultado, pierde efectividad en los procesos.

Esta frustración silenciosa es muy común entre las personas en las empresas, universidades y en aquellos lugares donde la comunicación escrita es parte de la cotidianidad. Es decir, casi todos.

¿Cómo empezar?

Con un montón de información y conocimiento del tema en la cabeza, es difícil saber por dónde y cómo comenzar.

Para vencer esa dificultad, es necesario aplicar unas claves sencillas antes de empezar a escribir. Porque «al que no sabe para dónde va, cualquier bus le sirve».

Si de verdad quiere escribir en poco tiempo y de manera efectiva, primero aplique la fórmula infalible para la disciplina de la redacción que me enseñó mi papá: «Para escribir, hay que sentarse a escribir».

Luego, concéntrese, concéntrese y concéntrese. No se levante de la silla. No permita interrupciones, no entre a leer los correos, ni el *chat*, ni reciba llamadas, hasta que cumpla mínimo una hora completa de ejercicio escrito.

Tome la firme determinación de no levantarse por un café, ni a conversar en el pasillo, hasta que no termine por lo menos su mapa de ideas y los cinco primeros párrafos.

Si lo consigue, el resto fluirá más fácil. Eso es autorregulación para redactar. Autocontrol del escritor. O, como diría Daniel Goleman: inteligencia emocional pura.[1]

Y cuando termine, prémiese: tómese un café, o un vaso de agua fresca. ¡Se merece el premio!

Escriba lo que quiere decir y no otra cosa

Los que hemos sido editores y correctores de estilo sabemos que el síndrome más común padecido por quienes escriben es la desconexión entre lo que quieren decir y lo que escriben. Pensar una cosa y escribir otra.

Cuando corrijo un texto y no entiendo algo, le pregunto al autor: ¿qué quiere decir aquí?... y él o ella responde: «Lo que quiero decir es...». Y me explica algo muy sencillo y claro. Entonces le respondo: «Pues dígalo así, tal cual».

Debido a que desconocen una metodología adecuada para ordenar y redactar, dan muchas vueltas antes de iniciar, en una especie de rodeos en espiral. Es todo ese enredo de ideas el que produce una frustración diaria generalizada y no resuelta.

Ante esa realidad, me anima escuchar cuando en los talleres de capacitación corporativa pregunto uno a uno cuál es su expectativa y me responden: «Claridad», sin duda.

Queda claro: claridad es la necesidad número uno. Pero... ¿cómo conseguirla?

Redactar es, según su mejor aliado para enriquecer la escritura, el RAE —*Diccionario de la lengua española de la Real Academia Española*—: «expresar por escrito lo que se ha pensado previamente». Redactar viene del latín: «redactum» que quiere decir compilar. Y compilar es poner en orden y por escrito algo que sucedió, se acordó o se pensó con anterioridad.

Es llevar el pensamiento a la palabra escrita en forma ordenada. Es claridad, concreción, para transmitir las ideas con precisión, concisión y exactitud.

Es mucho más que leyes de ortografía o gramaticalismos rigurosos. Redactar es más bien cuestión de estilo propio para comunicarse por escrito. En eso estoy muy de acuerdo con el español Martín Vivaldi.[2]

Interiorización básica

El nivel más alto del aprendizaje es «desaprender». Por eso, para aprender a escribir con claridad es necesario desaprender los viejos esquemas de la redacción. Renunciar a lo jurásico, fosílico y arcaico. Vencer paradigmas.

Eso es posible si se interioriza de las siguientes siete verdades básicas:

1. Obtener el orden de las ideas no es una tarea imposible, ni muy encumbrada.
2. El estilo fluido no es una virtud exclusiva de los intelectuales.
3. Solo requiere desarrollar el «músculo» natural de la concreción.
4. Para lograrlo, necesita reconocer primero sus vicios de redacción.
5. Luego, aplicar las claves para el desbloqueo.
6. Si se lo propone, alcanzará el cambio extremo de sus escritos. La «cirugía» estética de los párrafos, «antes y después».
7. Es cuestión de autorregulación de la comunicación escrita. No se conforme con el nivel que tiene. Usted *sí* es capaz de escribir con fluidez.

Cinco claves infalibles para ordenar las ideas

Con estas claves de sencilla aplicación reducirá el tiempo de terminación de su texto. Ese informe que antes se demoraba tres meses en escribir, pasará a concluirlo en tres días. Incluso tres horas. ¡Y hasta menos! Aplique estas cinco claves infalibles y se convencerá por su propia cuenta de la diferencia.

Clave #1: *defina el propósito de su texto*

Nada bueno se puede redactar sin antes definir el propósito del texto. Esto es parte del pensamiento estratégico de los escritores más experimentados y eficaces.

No arranque a escribir como si fuera una tarea automatizada, sin previo análisis y ordenamiento.

No comience con la mente nublada o en blanco. Como a la deriva. A ver qué se le ocurre en el camino. O a ver qué frase «de cajón» copia de los anteriores escritos. Tampoco se admita la aburrida estandarización de sus textos, con frases «de cajón» como:

- «De acuerdo a la pasada reunión»...
- «Cordialmente me dirijo a usted para»...
- «De acuerdo a nuestra última conversación»...

Luego de esas frases «de cajón» poco originales, que todo el mundo dice y que parecieran estar escritas en moldes de piedra, como si fueran leyes de rigor, surgen un montón de párrafos enredados.

Al final, después de un largo y pesado «ladrillo» y en el último párrafo, aparece lo que quiere decir.

Con ese estilo aburrido, confuso y en espiral, su texto corre varios riesgos.

- Si alguien lo corrige, se lo devuelve hecho pedazos para que lo reconstruya.

- Usted intenta corregirlo pero ya no sabe cómo.
- De tanto darle vueltas al mismo texto, se siente embotado.
- Esto lo bloqueará aún más. Y no solo el texto, sino también su autoestima, porque ya se siente un poco torpe e incapaz.
- Claro, cuando lo envía, el texto está tan pesado que nadie le quiere «meter el diente» y prefieren botarlo a la «basura». Al infame *trash* (basurero).
- O, en el mejor de los casos, lo dejan en espera en la fatídica lista de «para leer después». Igual terminará en el *trash*. Aunque un poco más tarde.
- Puede ser que se salten todo el texto y solo lean ese último párrafo interesante. Porque ahí estaba lo que en realidad usted quería decir.

Porque el lector no es tonto, sino inteligente. Pero sobre todo, está muy ocupado. No tiene tiempo para leer enredos. Sabe bien que todo lo demás es —como decimos en Colombia— pura «carreta». Puro relleno. Por eso se va rápido hasta el final del escrito, para encontrar lo que quiere leer.

Preguntas definitivas

Para definir el propósito, antes de iniciar su redacción en el computador, escriba en una hoja de papel o en un documento separado, la respuesta a estas preguntas que son determinantes para impactar con su comunicación escrita:

1) ¿Qué quiero decir?   Tema o asunto. ¡Enfoque!

2) ¿Para qué lo quiero decir?   Propósito definido.

3) ¿Por qué lo quiero decir?   Motivación correcta.

4) ¿Qué quiero lograr?   Intencionalidad clara.

Clave #2: *elabore su mapa de ideas: 1, 2, 3 y la «ñapa»*

Uno de los más prestigiosos periodistas de Colombia, Yamid Amad, utiliza para una exitosa sección política del noticiero de TV-CM&, una de las claves más antiguas para el conteo de la efectividad: 1, 2, 3 y la ñapa.[3]

Se volvió muy famosa la sección, por la fórmula del 1, 2, 3 y la ñapa. Y claro, por la gracia de la presentadora Claudia Hoyos.

Siempre utilizo esa antigua «fórmula» prodigiosa como una de las claves para ordenar las ideas y desarrollar una comunicación escrita asertiva y persuasiva.

Esta pequeña clave de la concreción, terminará por darle un estilo más contundente.

Funciona bien con todo. Hasta con las esposas que quieren ser efectivas en la comunicación con sus maridos. Están cansadas de que les digan «loras mojadas».

Cuando aplican la clave del 1, 2, 3 y la ñapa, los esposos de las ejecutivas me envían mensajes de agradecimiento. Y los hijos también. Porque pasan de ser la esposa y mamá «cantaleta» a la comunicadora puntual y concreta. Dicen lo mismo, pero en una sola frase. Eso les resulta mucho más efectivo.

El mapa de la asertividad

Después de conseguir la concreción de las ideas, con un lenguaje más puntual, debe preguntarse entonces cómo definir cuál sería el #1, cuál el #2, cuál el #3 y cuál la ñapa.

ESTE SERÁ ENTONCES SU MAPA DE ÉXITO PARA ENCONTRAR LA ASERTIVIDAD:

1. La necesidad del lector
2. El beneficio para el lector
3. El producto o la entidad
La ñapa: El valor agregado o plus.

1. La necesidad del lector. No la suya. Ni la de la empresa

Para entender cuál es esa necesidad, solo trate de ponerse en los zapatos del lector. Piense en aquello que en realidad le interesa. Esto es pura **comunicación empática**.

Terminará por desarrollar una sensibilidad superior hacia el prójimo lector. Un megarradar, capaz de detectar intereses y satisfacer necesidades puntuales. Una capacidad mayor de acertar en el blanco. El efecto de todas sus propuestas escritas será: «¿Dónde le firmo?».

Es una lástima que todavía la gran mayoría de los escritores organizacionales desgasten su día a día en rodeos infructuosos y aburridos.

Con el ánimo de ser más claros y «contextualizar» al lector, se enfrascan en interminables párrafos sobre todo lo relacionado con la entidad: historia, ubicación, misión, visión, valores, cifras, filosofía de trabajo, cuadros, tortas, más tortas e indicadores.

Luego de todo ese ladrillo, es que pasan a decir: «Teniendo en cuenta lo anterior...» y ahí lanzan la frase que debían decir desde el puro comienzo.

Si somos sinceros, reconoceremos que todo ese texto corporativo, aunque a usted le parezca importante, no le interesa para nada al lector. O por lo menos, no es lo primero que quiere saber. Esa debería ser, si acaso, la ñapa.

El público lector de las empresas está compuesto por funcionarios muy ocupados, estresados, que manejan los hábitos de la gente altamente efectiva. Y uno de estos es administrar bien su tiempo. No intente robárselo con mensajes eternos.

Antena parabólica de necesidades

Si quiere detectar cuál es esa necesidad real del lector, pregúntese «para qué» quiere él ese informe, carta o propuesta. Allí está la clave. Por lo general, ese «para qué» es una acción, un verbo.

Por consiguiente, la forma efectiva de empezar una nota gerencial es:

- «Para *garantizar* la seguridad...».
- «Para *mejorar* la estructura...».
- «Para *facilitar* los procesos...».
- «Para *maximizar* los resultados...».

Note usted mismo la diferencia entre las frases anteriores, dirigidas a la necesidad del lector, con estas más egocéntricas:

- Nuestra entidad, consciente de la importancia de la seguridad, y en busca del mejoramiento continuo, ha creado un plan...
- Cada una de las áreas de la vicepresidencia cuenta con importantes programas de capacitación, que hemos organizado con esmero...
- Para alinear nuestros valores corporativos de respeto e integridad con los personales, según la misión y la visión de la entidad, los funcionarios deben verificar cada uno de los procesos de...
- Se deben verificar los errores para evitarle pérdidas innecesarias a la organización.

2. El beneficio: después de demostrar su interés en la necesidad del lector, ahora dígale los beneficios que obtendrá con el mensaje que usted le transmite. Así no lo perderá jamás. Nunca lo dejará de leer.

Dígale todo aquello que le sirve para obtener sus metas de oro. No lo que usted quiere decir para demostrar que hace bien su oficio o que es el que más sabe del tema.

Su actitud en la redacción debe ser de facilitador. No de sabelotodo con lenguaje catedrático. Tampoco con tono impositivo. Sino sugerente.

Para eso, las viñetas son muy prácticas y puntuales. Línea tras línea. Sin carreta ni basura. Textos limpios. Transparentes. Llenos de asuntos de interés vital para el público lector. No existe una manera más eficaz de ser persuasivo.

La redacción de hoy es virtual. Por eso exige un lenguaje mucho más directo. Porque los textos para las herramientas Word, Excel o Power Point, requieren mayor brevedad y precisión.

Son programas de comunicación diseñados para facilitar los procesos de comunicación. Por eso no admiten textos pesados y largos.

Para esos escenarios virtuales de redacción, el recurso de las viñetas es muy útil. Usted podrá escribir en viñetas cada uno de los beneficios.

De esa manera, el lector los podrá ver de una forma más clara y puntual dentro de su propuesta, informe, carta o correo electrónico. Y quedará no solo bien informado, sino feliz.

3. El producto: ¡ahora sí!... muestre el producto o solución.

Después de apuntar directo a la yugular de la necesidad y los beneficios, ahora sí, muestre todas las bondades de su producto. Puede ser un informe de auditoría, un estudio de normas jurídicas, un balance financiero, una presentación de créditos, un estudio técnico de informática, un análisis de cobros, un análisis de riesgos, el plan estratégico de la entidad, una respuesta de servicio al cliente... o lo que sea.

Es como decirle al lector: yo conozco su necesidad, y le tengo la solución. O, como diría un buen paisa: «¡Se le tiene!».

4. La ñapa: el valor agregado. En este punto usted se destacará por ir más allá de la simple tarea efectiva.

Después de haber mostrado todo el centro de su mensaje en forma concreta y precisa, le quedará espacio, tiempo y oportunidad para ofrecer la ñapa.

Así pasará de ser un funcionario más que sabe verificar y hacer bien la tarea que le piden, a ser un asesor con criterio, que da valor agregado. Irá más allá de la efectividad, pasará la línea y se convertirá en un consultor para la entidad.

Esto además le permitirá crecer como persona. Lo ascenderán pronto y lo escogerán para ser quien represente al área. O por lo menos, quien escriba los mensajes más importantes. Porque no solo sabrá acertar: dar en el blanco, sino que será el más asertivo: que afirma y sabe decir sí o no, con criterio y contundencia. La ñapa es entonces el *plus* de cada una de sus comunicaciones escritas en la empresa.

EJEMPLO 1

Si se trata de un correo para el vicepresidente de gestión humana, donde usted propone una capacitación para los miembros de su equipo de trabajo, escriba en su mapa conceptual el 1, 2, 3 y la ñapa de las ideas, así:

1. El desarrollo profesional es determinante para la efectividad del equipo.
2. Los funcionarios serán más productivos si se capacitan.
3. Es necesario un proceso de formación especializado para mejorar el relacionamiento con los clientes.

EJEMPLO 2

Si más bien es una carta de respuesta a un cliente que se queja por el mal servicio de la entidad y reclama por una equivocación en la facturación, usted debe realizar su mapa conceptual así:

1. Reconocimiento y explicación del error.
2. Aclaración.
3. Justificación.
4. Disculpas por la equivocación e invitación a continuar como cliente fiel.

Como en la mayoría de los casos no alcanza el tiempo para escribir el mapa conceptual, el redactor efectivo debe adquirir la habilidad mental de elaborarlo en su memoria. Y «chulear» en su imaginación la lista de lo que ya ha dicho, así:

- Reconocimiento y explicación del error.
- Aclaración.
- Justificación.
- Disculpas por la equivocación e invitación a continuar como cliente fiel.

Clave #3: la pirámide invertida

Esta es la clave por excelencia para ordenar las ideas y redactar en forma clara.

En los últimos años, he aportado este legado del periodismo a los textos empresariales. Y hemos visto culturas organizacionales transformadas en su forma de comunicarse.

Esto demuestra que la redacción no es solo asunto de géneros. Es más cuestión de principios, aplicables a los diferentes géneros: claridad, precisión, concisión, brevedad, amenidad, son principios útiles en todos los géneros. Y el género de la redacción organizacional sí que los necesita con urgencia.

Las empresas informan todo el tiempo. Manejan medios de comunicación internos y externos. Pero no cuentan con métodos de comunicación escrita definidos para conseguir la transmisión fluida y asertiva de sus mensajes.

La clave de la pirámide invertida ha servido para darle un giro inteligente y efectivo a la forma de escribir en las principales entidades. También para facilitar una forma de pensar día a día menos complicada y rígida. Hasta convertirse en estilo. En cultura de fluidez.

Cuando aprendí esta clave de Daniel Samper Pizano, la guardé como una llave maestra para toda la vida. Él es un gran escritor a quien admiro, padre del periodismo investigativo en Colombia, miembro de la Academia Colombiana de la Lengua.

Por eso esta clave la enseño en mis talleres empresariales y universitarios de «Expresión Escrita Persuasiva» con éxito comprobado. Y con gusto le entrego a usted hoy esta herramienta, para toda la vida.

Funciona bien en los formatos de redacción virtual empresarial. Le servirá mucho para avanzar en su empeño hacia la claridad.

Luego, revisaremos otros métodos válidos, como el de los «hipertextos», para aplicarlos también a los géneros de redacción empresarial.

Los hipertextos son otra forma de ordenar las ideas, en los que cada uno de los conceptos se presentan como mapas de ideas conceptuales aislados, que al final conforman un todo sistémico.

El error de la pirámide común

Para entender mejor cómo se aplica la clave de la pirámide invertida, imagínese que inicia un texto —elíjalo usted— justo con la frase o párrafo que normalmente dejaría para el final.

No será fácil lograrlo. Le costará trabajo. Pero es un ejercicio que le cambiará todo el panorama de la comunicación escrita.

No es fácil pasar del sistema en *espiral* a la pirámide invertida. Cuando le duela el cambio, piense en la dicha de atrapar al lector desde el primer párrafo. Conseguirá respuestas sorprendentes. Inmediatas. Alto impacto en los resultados. Los suyos y los de la empresa.

Si no leen su texto hasta el final y lo abandonan antes de terminarlo, estará tranquilo porque sabrá que ya consiguió su propósito desde el primer contacto.

Sus lectores se sentirán felices y muy agradecidos, por decirles los asuntos importantes con claridad y sin titubeos.

De una. Eso es tan fantástico, como ver cumplido un sueño que parecía casi imposible para los jefes.

El error del sistema de la pirámide común consiste en decir siempre lo menos relevante al comienzo, para llevar al lector en forma progresiva, poco a poco, hasta ubicarlo, como en cámara lenta, sobre lo más relevante. En la esencia, la sustancia, que siempre se deja para el final.

Está comprobado: con ese viejo sistema progresivo, lento, demorado, en espiral, nunca logrará su meta de persuadir. Y lo peor, perderá a sus lectores en el intento antes de lo previsto.

¿Cómo se invierte la pirámide?

Imagínese una pirámide normal. Trate de introducir el contenido de su informe, propuesta, carta o análisis empresarial allí. Ajustará sin problemas en ese esquema. Comienza en un pico alto y delgado de frases «de cajón», y termina en una base ancha, donde se encuentra lo importante.

Por lo general, las personas escriben en forma descendente, rutinaria y monótona. Inician por lo más pequeño y de poco impacto, luego continúan con mucha información y llevan con sigilo al lector, hasta la base de la pirámide, donde se concentra el verdadero asunto (figura I).

Pero resulta que quien lo lea, como ya se sabe de memoria el procedimiento, no lee nada del comienzo. Pasa las primeras hojas de largo, con un vistazo a vuelo de pájaro. Va directo a las últimas páginas o párrafos, para buscar la verdadera sustancia del informe o carta. Sin perder tiempo. Todo lo demás lo omite.

Esta tendencia a escribir todos los textos gerenciales y organizacionales con la misma estructura del cuento literario que nos enseñaron en la primaria, es generalizada: introducción, nudo y desenlace.

Donde la introducción es larguísima, el nudo es un verdadero atolladero sin salida y el supuesto desenlace suele enredar más el hilo conductor del texto.

Pero si usted logra cambiar ese estilo pesado y retorcido de la pirámide descendente, encontrará que todo será más directo.

Con la pirámide invertida, llegará de una vez al valor agregado. ¡Zas!... De una vez. Sin rodeos. El resultado será una claridad contundente. El lector lo amará. Y usted quedará como un príncipe. O una princesa, según el género de quien escriba (figura 2).

Las características de los nuevos medios de comunicación organizacionales, virtuales y electrónicos, reclaman la innovación de sus estándares de redacción.

Esta renovación facultará más adelante, no solo para utilizar la pirámide invertida, sino para salir incluso a nuevos formatos virtuales avanzados, que permitan aun la descomposición de los textos en unidades diversas, independientes pero armónicas (figura 3).

Figura 1: Pirámide común

Es un método muy común, pero poco efectivo y no muy práctico. De lo secundario a lo principal. Así escriben por lo general las personas en las empresas. Nada recomendable.

Producto.
Empresa.
Visión. Misión.

Justificación.
Historia. Cifras.
Tortas. Datos.

Recomendaciones.
Conclusiones.

Figura 2: Pirámide invertida

Es un método muy efectivo y práctico. De lo principal a lo secundario. Primero lo primero. En el primer párrafo, el lector quedará «atrapado» y convencido. Recomendable totalmente.

Ñapa: Valor agregado.
«Plus». Asesoría.

3. Necesidad del
lector (cliente)

2. Beneficios

1. Producto

Con este sistema de comunicación escrita, todos los intereses personales y empresariales pasan a ser tan solo el telón de fondo. En el centro de la escena siempre estarán los beneficios, necesidades y, al final, el producto en cuestión.

Figura 3: El sistema en espiral

Este común y pesado sistema de ordenar las ideas es el opuesto al de la pirámide invertida. La persona le da vueltas al tema sobre el mismo punto, sin saber a dónde va. Su estilo es espiral, es plano, da vueltas en forma indefinida alrededor de un punto y parece como si se alejara más de él en cada frase.

Los hipertextos

Hipertexto es un texto virtual que conduce a otro relacionado, en la pantalla del computador.

El hipertexto utiliza mucho los *hipervínculos* o referencias cruzadas automáticas que van a otros documentos.

Al seleccionar un hipervínculo, el computador muestra en forma inmediata un documento en enlace.

También existe el llamado *strechtext* (un hipertexto), con dos indicadores en la pantalla. El texto puede moverse de arriba hacia abajo y cambiar de tamaño en forma progresiva.

El hipertexto no se limita al texto. Contiene gráficos, ilustraciones, sonido o vídeos sobre el tema.

Al seguir el enlace, a través del «navegador», se puede «navegar» por la *web*.

El hipertexto sirve para diseñar y redactar textos en medios de comunicación virtuales. Pueden ser empresariales, periodísticos o de cualquier índole.

Clave #4: *las cinco preguntas clave: «5W»*

¿QUIÉN?	WHO?
¿QUÉ?	WHY?
¿CÓMO?	HOW?
¿CUÁNDO?	WHEN?
¿DÓNDE?	WHERE?

La clave de las «5W» es excelente para ordenar las ideas. También para que el lector quede bien informado desde las primeras líneas. Es muy utilizada en el género periodístico.

La he aplicado en los talleres empresariales y ha funcionado con mucho éxito en el ámbito del género de la redacción organizacional de informes, cartas, análisis o correos.

Este sistema consiste en responder a cinco preguntas básicas para que la información sea completa: quién, qué, cómo, cuándo y dónde. Se llama 5W porque en inglés las cinco preguntas se escriben con W: *who, why, how, when, where*.

Es un método de comprobado éxito para entregar al lector toda la información que necesita, desde el primer párrafo.

EJEMPLO

PÁRRAFO 1

(*¿Quién?*) El Banco Nacional, consciente de la necesidad de ampliar sus servicios, (*¿Qué?*) instalará una nueva tarjeta de crédito (*¿Cuándo?*) el próximo mes (*¿Cómo?*) con alcance (*¿Dónde?*) en todo el territorio colombiano.

PÁRRAFO 2

La nueva tarjeta dorada, iniciará su funcionamiento en las principales ciudades del país: Bogotá, Medellín, Cali, Barranquilla y Bucaramanga. Más adelante se ampliará la cobertura. La meta es alcanzar todo el mapa nacional en diciembre de 2004.

PÁRRAFO 3

La tarjeta dorada es un sistema de crédito para tarjeta-habientes especiales, que permite amplios cupos y beneficios especiales. Contará con puntos de servicio especializados, en donde personal entrenado se encargará de un extraordinario servicio al cliente.

PÁRRAFO 4

A lo largo de la historia financiera, las tarjetas doradas han sido un excelente instrumento para elevar el nivel de los clientes de las entidades bancarias más importantes del mundo. Nosotros no seremos la excepción.

PÁRRAFO 5

Cordial saludo,
Rodolfo Benítez Holguín
Presidente
Banco Nacional

Para ordenar las ideas del tema que se va a redactar, es aconsejable elaborar siempre una estructura o formato, que permita al lector entender de dónde viene y para dónde va el redactor.

Esa estructura puede componerse de los tres aspectos básicos de la narrativa literaria (el cuento, la novela, la crónica...) así:

1. Introducción
2. Cuerpo (nudo)
3. Conclusión (desenlace)

La estructura tiene que ver más con la anatomía misma del texto que con el orden mental de las ideas.

Estas tres partes deben incluir sus respectivos elementos:

1. Introducción: contiene las 5W. Debe enfatizar el punto clave de la necesidad del lector.

2. Cuerpo: contiene los elementos explicativos del tema, que desglosará uno a uno en los párrafos centrales.

3. Conclusión: contiene el remate final. Es el epílogo, donde se cae o se eleva toda la película. Es la moraleja para el lector.

Clave #5: la entrada triunfal

El primer párrafo, el *lead*, o simplemente *la entrada*, es la primera parte de su escrito, las primeras líneas: la apertura.
Importancia:

- Las primeras líneas de un texto definen la calidad de lo que sigue.
- El párrafo de entrada garantiza el impacto del texto.
- El párrafo de entrada marca la diferencia de su escrito.
- Un buen párrafo de entrada atrapa al lector por la solapa y lo sienta a leer.
- Un mal párrafo de entrada acaba con un buen texto.

Defectos más comunes de las *entradas*:

- La *entrada* en reversa.
- Primero lo último.
- La falta de concreción.

- La falta de impulso.
- La entrada de ladrillo.

Elementos de una buena *entrada*:

- Frases breves y concretas.
- Buen tratamiento de la puntuación.
- Uso correcto de los verbos.
- Empleo correcto de los tiempos.
- Extensión adecuada.

Para tener en cuenta:

- Elimine frases como: «Por medio de la presente», «Atentamente me dirijo a usted para...», «Le saludo muy cordialmente...», «En atención a su pregunta...».
- Evite los rodeos interminables con antecedentes o explicaciones no necesarios.
- Vaya al punto.
- Enfóquese en la necesidad del lector o cliente.
- No se enfoque en sus éxitos, eso debe ir después, como respaldo.
- Entre siempre con frases que impacten.
- Entre con ideas inteligentes, que atraigan al lector o cliente.
- Sea impactante, pero amable; no agresivo.

EJEMPLO 1: CARTA

Tema: nuevo sistema de comunicación con el cliente

NO DIGA:

Por medio de la presente me dirijo a usted muy cordialmente, para informarle que nuestra entidad, preocupada por su falta de tiempo, ha comenzado un nuevo plan de contacto directo con los clientes, de tal manera que ya no tengan que sufrir con las largas filas en los bancos, sino que se puedan comunicar directamente con nosotros, lo cual le facilitará no solo sus transacciones, sino que además le permitirá aprovechar mucho más su tiempo para las otras actividades que usted realiza, que para nosotros son sumamente importantes y valiosas, y no queremos entorpecerle su cotidianeidad, sino más bien ser facilitadores de la eficiencia de sus diligencias.

Teniendo en cuenta lo anterior...

DIGA:

El manejo efectivo de su tiempo define el éxito de su empresa. Las largas filas en el banco, así como las aglomeraciones, le quitan muchas horas y le generan un estrés insoportable.

Para agilizar los procesos de comunicación, el Banco Nacional ha comenzado un nuevo plan de contacto directo con los clientes, que les facilitará sus transacciones.

El nuevo sistema se llama «X». Para el acceso a este nuevo modelo de comunicación con el cliente usted necesita solamente:

1. _____

2. _____

3. _____

Agradecemos...

EJEMPLO 2: CARTA

Tema: solicitud de información por su estado de cuenta

NO DIGA:

En atención a su solicitud radicada en nuestra agencia de Medellín, nos permitimos informarle que se aplicó a su estado de cuenta una nota de crédito por valor de $250.000,00 para reversar la facturación presentada con el documento N° 2340155 reflejado bajo el descriptivo *compañía financiera*, adicionalmente se abonaron los intereses de financiación causados sobre el mismo valor de $5.250,00.

Vale la pena aclarar que dichos ajustes se reflejan en su estado de cuenta del...

DIGA:

Le informamos que su solicitud, radicada en nuestra agencia de Medellín, ha sido resuelta con éxito.

Se aplicó a su estado de cuenta una nota de crédito por valor de $250.000,00, para reversar la facturación presentada con el documento N° 2340155 que aparece bajo el descriptivo *compañía financiera*. Además, se abonaron los intereses de financiación causados sobre el mismo valor de $5.250,00.

CAPÍTULO 3

DESARROLLO DE LAS HABILIDADES Y DESTREZAS DEL ESCRITOR

- *CÓMO* DESARROLLAR SUS HABILIDADES: EMPODERAMIENTO DE SUS FORTALEZAS Y TRANSFORMACIÓN DE SUS DEBILIDADES COMO ESCRITOR
- *CLAVES* PARA POTENCIAR SU CONOCIMIENTO A TRAVÉS DE UNA COMUNICACIÓN ESCRITA CLARA, CONCRETA, CONCISA Y PRECISA

ESTUDIAREMOS LAS CLAVES PARA POTENCIAR SU CONOCIMIENTO A través de una comunicación escrita clara, concreta, concisa y precisa.

La experiencia en el empoderamiento de la competencia de la comunicación escrita de los profesionales en las empresas, día tras día, me demuestra que, entre todas las habilidades y destrezas necesarias para alcanzar un alto nivel de impacto, surgen diez como las más determinantes.

Las estudiaremos una por una, hasta internalizarlas como necesidad, desarrollarlas como habilidad y transformarlas en estilo personal.

Las diez habilidades

1. Claridad
2. Precisión
3. Concisión
4. Exactitud
5. Sencillez y naturalidad
6. Brevedad
7. Gracia y amenidad
8. Calidez
9. Fluidez
10. Contundencia

Habilidad #1: claridad

Es la virtud por excelencia del redactor efectivo. Para medir la *claridad* en un texto ejecutivo sea informe, carta, análisis, ensayo, recurso jurídico o correo virtual, existen tres indicadores fundamentales:

1. Ser *entendido* por todos los lectores. Hasta por el más ignorante en el tema.
2. Ser *ordenado* en las ideas. Que una idea lleve a la otra, con perfecta *ilación*.
3. Ser *sencillo*, casi que «simple», en el lenguaje. Sin rebuscamientos de palabras demasiado técnicas, raras o muy pesadas.

La *claridad* se pierde cuando el redactor intenta convencer al lector de su capacidad intelectual o profesional con términos tan trascendentales, técnicos, filosóficos o científicos que ahogan el entendimiento.

La *claridad* tiene que ver con la pureza. Es decir, un escrito es claro cuando no presenta «contaminaciones». Permite una corriente pura y transparente de las ideas. El lector puede nadar en ese «río» claro, sin impedimentos y ver hasta los más profundos detalles.

En todos los diagnósticos que realizo a diario en los procesos de aprendizaje empresariales sobre expresión escrita, la necesidad número uno de los asistentes y su mayor expectativa es conseguir la *claridad*, que por lo general les parece tan difícil de lograr.

Sin saber por qué, los redactores ejecutivos se enredan todo el día en textos confusos, difíciles de entender.

El proceso común en una entidad es así: el profesional escribe un informe, carta o balance, el jefe lo revisa y se lo devuelve con muchas correcciones para que lo cambie. Pero resulta que ya le ha dado tantas vueltas que se bloquea, se siente un poco embotado y ya no lo sabe rehacer. Al final, el informe queda confuso.

Por falta de claridad, los profesionales padecen serios problemas en su diaria labor.

Cuando me siento a corregir a alguien un texto le pregunto: «¿Qué quiere decir aquí?», y me dice: «Lo que yo quiero decir es tal y tal cosa...». Y yo le respondo: «¡Pues escríbelo!». Porque, por lo general, dicen completamente otra cosa. El escrito está oscuro, tortuoso, empañado y no es claro.

EJEMPLO

NO DIGA:

Es de aclarar que los pagos se efectuaron después de la irrestricta fecha límite de pago, por lo cual se generaron intereses de mora y cargos de financiación causados por un valor total de $8.315,00.

DIGA:

Los pagos se efectuaron después de la fecha límite. Esto generó intereses de mora y cargos de financiación por $8.315,00.

Habilidad #2: precisión

Es la cualidad de dar con precisión en el blanco del mensaje. Sin errar. De decir justo lo que se necesita saber, la palabra precisa, nada más. Sin añadir, ni quitar. Sin desviarse para ninguna otra idea, aunque parezca muy pertinente o cercana.

Es la facultad de describir o narrar con los colores, olores, sabores, tamaños... precisos. Es el arte de escribir lo que quiere decir la idea, sin salirse por las ramas o perder al lector con imprecisiones que no vienen al caso.

La *precisión* es una cualidad propia de lo concreto. En una jornada diaria de redacción, precisión y concreción van de la mano. Lo que permite que los clientes —internos o externos— queden satisfechos con la información precisa que necesitan. Sin confusiones ni equívocos. Sin divagaciones ni dudas que lo obliguen a llamar por teléfono o escribir un correo electrónico para preguntar qué es lo que usted quiere decir en este texto.

La *precisión* utiliza las palabras adecuadas para cada frase. Sabe aplicar a la oración los conceptos perfectos, y no otros, que quieren decir otra cosa o implican imprecisiones.

Habilidad #3: *concisión*

Es la cualidad de no salirse de los límites del tema. Es centrarse en el punto clave y no extralimitarse acariciando otros temas paralelos. Porque puede confundir y agotar, en vez de aclarar, o añadir sabiduría al texto.

EJEMPLO

NO DIGA:

Algunos de los aspectos anteriormente mencionados podrían mostrar, en cierta medida, la elevación de los precios. Tal vez, por un descuadre de los presupuestos para próximas temporadas, con posibles pérdidas que oscilan entre los cincuenta y sesenta millones de pesos.

DIGA:

Los aspectos A y B muestran la elevación de los precios. Se trata de un descuadre presupuestal previsto para los meses de diciembre y enero próximos. Las pérdidas son de $50.675,00 y $38.493,00 respectivamente.

Habilidad #4: exactitud

Es la virtud de redactar como si se tratara de cifras matemáticas, donde no caben las divagaciones, lo relativo, el «tal vez», «quizá», «de pronto», «a lo mejor», «quien sabe».

Porque para el redactor exacto, 2+2=4, no otra cosa.

Habilidad #5: sencillez y naturalidad

La *sencillez* es sinónimo de grandeza del comunicador y del escritor. Es una virtud no fácil de adquirir en la redacción.

Todo por el mismo error de pensar que la grandilocuencia y la arrogancia del lenguaje implican mayor conocimiento e inteligencia de quien escribe.

La *sencillez* es un indicador de la madurez del redactor. Siempre llevo a mis talleres la historia del día que leí las memorias de Gabriel García Márquez: *Vivir para contarla.*

Yo estuve en su casa de México, junto a Mercedes su esposa, por los días en que terminaba de escribir las memorias. Y toda la expectativa de los medios de comunicación alrededor de la obra fue tal, que esperaba con mucha expectativa.

Cuando por fin tuve el libro en mis manos, lo abrí feliz, a la espera de una entrada triunfal, apoteósica, parecida a la de *Cien años de soledad*:

Muchos años después, frente al pelotón de fusilamiento, el coronel Aureliano Buendía había de recordar aquella tarde remota en que su padre lo llevó a conocer el hielo.[1]

Después de esa fantástica entrada que nos deja casi congelados, esperaba la obra cumbre de sus memorias con mucho entusiasmo. Me imaginaba un comienzo con imágenes muy macondianas, mariposas fucsias y violetas, una Remedios La Bella que volara en mantas de terciopelo con hilos de plata. No sé. Algo espectacular. Como todo lo de nuestro insigne y espléndido Premio Nobel.

Esperaba algo muy «garciamarquiano», lleno de virtuosismo del Nobel de Aracataca —la misma tierra donde nació mi padre— y con el inconfundible «realismo mágico» de Gabo. ¡Pero no!... Quedé sentada y un poco aturdida cuando leí ese párrafo de entrada tan sencillo y con una simpleza prodigiosa:

Mi mamá me pidió que la acompañara a vender la casa.[2]

Casi que dice: «Mi mamá me mima», como la cartilla elemental. Todavía no salgo de mi asombro. Y me pregunto: ¿qué pasó?... ¡Qué diferencia con el Gabo de hace cuarenta años!

Un tiempo después, en medio del análisis asombrado sobre la entrada de las memorias del Nobel colombiano, vi en CNN en español a mi bella amiga y colega periodista, Claudia Palacios, en una entrevista con el escritor peruano Mario Vargas Llosa. Celebraba sus setenta años.

Le escuché decir al escritor Vargas Llosa aquel día que cuando comenzó a escribir, buscaba convencer con un lenguaje pesado, difícil. En la medida que maduraba, escribía con un lenguaje cada vez más sencillo.

Fue entonces cuando comencé a entender el tema: sencillez, es igual a madurez. Es una virtud procesada.

Y me lo confirmó aún más un lector que escribió su comentario de cinco estrellas sobre *Vivir para contarla*, de Gabriel García Márquez: «La *sencillez* con la cual un hombre colombiano describe sus enseñanzas en esta tierra, engrandece cada sentimiento y la sabiduría de sus años...».[3]

La *naturalidad*, por su parte, implica ausencia de exageraciones, de «maquillaje» sobrecargado para llamar la atención. Permite al lector observar los detalles, sin máscaras que tapen el rostro del mensaje.

EJEMPLO

NO DIGA:

Teniendo en cuenta lo anterior, nuestra entidad cuenta con servicios suficientes, para la polarización de las fuerzas divergentes, que reclaman equívocos y entuertos quijotescos en nuestra carpeta de servicios, pero que estamos dispuestos a sufragar, como agentes forjadores de una cultura del servicio al cliente, que permita la construcción de relaciones socializantes y humanitarias que trasciendan más allá de los sentimientos de intolerancia.

DIGA:

El banco contestará, a la mayor brevedad, sus inquietudes, reclamos o sugerencias. Esperamos mantener buenas relaciones con usted y con todos nuestros clientes, en medio de un ambiente de cordialidad y entendimiento.

Habilidad #6: brevedad

La *brevedad* es una cualidad cada vez más exigida por la redacción virtual. Cada vez hay menos tiempo para leer, menos espacio para escribir, menos ganas de recibir exceso de información.

La tendencia actual de la redacción es a las frases cortas, al estilo muy puntual, las viñetas para señalar líneas con mínimo de palabras. Sobre todo, en aras de la redacción virtual, que exige la cualidad de ser breve. No es opcional.

La *brevedad* es sinónimo de amenidad, concreción, capacidad de síntesis. Le permite al redactor mismo forjar una autodisciplina que le exige decir lo mismo, pero en pocas palabras.

De esa manera, evita las confusiones y concentra su esfuerzo en las prioridades del mensaje.

EJEMPLO

NO DIGA:

En relación con los honorarios causados a favor de... y a su cargo, estos se efectuaron sobre el valor del abono realizado por usted y los mismos tienen su fundamento en disposiciones legales, tales como la consagrada en el artículo 1629 del Código Civil, «los gastos que ocasionare el pago serán a cargo del deudor...» las cuales indican que en caso de cobro judicial o extrajudicial serán de cargo del deudor los honorarios de cobranza, los que serán exigibles por el solo hecho de trasladarse la cuenta respectiva para su cobranza, a otra entidad o persona.

DIGA:

Los honorarios causados a favor de... y a su cargo, se efectuaron sobre el valor del abono. El artículo 1629 del Código Civil dice: «los gastos que ocasionare el pago serán a cargo del deudor...». Serán exigibles por el solo hecho de trasladarse la cuenta a otra entidad o persona.

Habilidad #7: gracia y amenidad

La *gracia* es un don natural de algunos escritores. Redactores carismáticos que cuentan con una gracia especial para ser atractivos a los lectores. Nacieron con ella. Es parte de su encanto.

Pero aunque no haya nacido con ella entre sus atributos naturales, la *gracia* de la comunicación escrita se puede adquirir y trabajar con una noble disposición. Porque la *gracia* es una aptitud, pero también una actitud.

Se consigue al aplicarle un poco de sal y pimienta al gusto a los textos que redacta. Lo contrario a la *gracia* es lo que se llama un estilo «plano». Es decir, sin condimento para darles sabor a sus textos. La gracia es: sal, pimienta o... ¡azúcar!

En medio de un mundo de comunicaciones ásperas, complicadas, enredadas, agresivas, aburridas, rígidas y «ladrilludas», es muy agradable ser el cliente de una entidad donde responden con gracia. ¡Qué dicha!

Se puede aplicar la *gracia* a los textos serios y objetivos. No solo a los de humor. Porque la *gracia* es también ritmo, música, armonía, es el color del texto.

Textos sonrientes, amables... Chispa de amor y gentileza. Es un «no sé qué...» que atrae al lector y hasta lo hace suspirar, llorar o sonreír.

EJEMPLO

NO DIGA:

Este importante y destacado proyecto piloto sin precedentes, contiene unos elementos que denotan la variedad de los servicios que presta la entidad, como símbolo de los principios y valores prioritarios de nuestra sociedad, porque queremos levantar una bandera de honestidad, compromiso y seriedad, como compañía líder en el servicio de tarjetas de crédito y servicios bancarios en general. Si se acerca a nuestra sede, con gusto le resolveremos sus inquietudes.

DIGA:

¿Honestidad... compromiso... seriedad?... No son tres elefantes que se balancean, próximos a la extinción. Son los principios que de verdad espera desarrollar para usted nuestra entidad, como empresa líder en tarjetas de crédito y servicios bancarios. Compruébelo usted mismo. Lo esperamos.

Habilidad #8: calidez

La calidez es, más que una habilidad, es un valor corporativo necesario para la transformación cultural de una entidad.

Para pasar de un clima frío, hostil, de prepotencia, rigidez, con estrés agresivo y reactivo, nada más importante que cambiar la comunicación de los mensajes escritos.

El trato entre los funcionarios de una empresa se puede medir en los textos virtuales.

El paradigma que debemos desmontar aquí es el de pensar que ser «decente» es escribir con términos y frases demasiado formales y acartonadas. Con palabras casi que aduladoras.

En la era virtual, del *chat*, no se puede pensar que ser cálido es decir cosas como: «Cordialmente me dirijo a usted para solicitarle su atención a esta solicitud de...».

En el mundo de hoy, acelerado y cambiante, la calidez no se mide por el tapete rojo delante del lector. Usted

puede decir sin miedo y sin rodeos: «Solicito el favor de...».
Nada más.

La calidez se mide hoy por el buen tono, ameno, agradable, utilizado por el profesional. Sin arandelas, ni corbatín. Uno puede ser amable, gentil, querido, sin necesidad de dar rodeos de urbanidad anticuada.

Lo más simpático de este paradigma es cómo uno lee un texto que intenta ser «cálido» con frases como: «Nos dirigimos a usted cordialmente...» y luego lo regañan con un tono bastante áspero.

Quiere decir que no es coherente el estilo dizque gentil de los conectores fosílicos, con el insulto que sigue a continuación.

Para romper el esquema, es necesario que toda la organización entre en la cultura de la calidez, sin tanta complicación. El asunto debe permear desde la cabeza y el liderazgo de la alta gerencia hasta el último funcionario de la organización.

Porque si un líder logra romper el paradigma, cambia su lenguaje legalista por uno más amable y amigable pero su jefe exige mantener el sistema de los saludos y los conectores arcaicos, el cambio de la cultura será más complejo.

Aunque de todas maneras usted debe alinearse con la autoridad de su jefe y de su área. Vamos con calma. Este es un asunto de transformación cultural. No se logra de la noche a la mañana.

Como todo, es un proceso. Pero no se desanime. Juntos seguiremos en la batalla quijotesca contra los molinos de viento, gigantes que atentan contra la calidez de la comunicación. Alguien tiene que lograrlo. Para que a las próximas generaciones de redactores corporativos les toque un camino más fácil.

Habilidad #9: *fluidez*

Cuando inicio un taller de comunicación escrita en una entidad, siempre le digo al auditorio: «Les regalo un hermoso anuncio imaginario, en letras de neón, que dice: ¡¡¡...F L U I D E Z...!!!».

Porque todo lo que hemos visto hasta ahora, y lo que veremos durante este proceso de entrenamiento, apunta a esa meta de oro: la *fluidez* de la comunicación escrita. Personal y de la entidad.

Y la fluidez produce claridad, efectividad y, por supuesto, alto impacto en los resultados.

Para conseguir fluidez, es necesario eliminar todos los vicios mencionados en el capítulo I.

Es la única manera de lograrlo. Piense por un momento: no puede haber fluidez con párrafos largos, conectores muletilla, yotacismo, queísmo, gerunditis, monotonía... en fin. Cuando eliminamos todos esos vicios que afectan el mensaje, podemos empezar a *fluir*.

La fluidez se encuentra en la sencillez, la brevedad y la concreción. En el orden adecuado de las ideas. Y en la puntuación con ritmo y armonía. No se deje bloquear. Deshágase de todo ese peso jurásico, y ¡fluya!

Gastará menos tiempo y esfuerzo. Y obtendrá cada vez mayores y mejores resultados.

Habilidad #10: *contundencia*

La contundencia es una habilidad de la comunicación escrita que implica firmeza. El escritor muestra esta destreza cuando transmite sus ideas con tal convicción, o las expone con tal energía que no admite discusión.

Un texto contundente produce una gran impresión en el ánimo del lector y lo convence. Muestra autoridad en sus criterios. Produce una seria confianza y credibilidad porque no deja lugar a la duda.

Al parecer, esta es una de las destrezas menos comunes en los redactores cotidianos. La presión del día a día, el aburrimiento de las largas jornadas, el conformismo con el formato preexistente, han permitido que aun los más creativos y asertivos escritores virtuales se tornen laxos y débiles.

Pero cuando aparece un escritor que muestra su contundencia en una universidad o una empresa, se nota a leguas que es diferente. Sus logros y su impacto con lo que comunica son tan fuertes que pocas personas pueden pasar por alto sus mensajes.

En la forma, la contundencia se logra con una puntuación muy firme. Sin palabras dulzonas, con un lenguaje directo y puntual. Apunta «directo a la yugular» del lector. Lo deja sorprendido y lo estimula a tomar la acción que necesita.

En el fondo, la contundencia se consigue con firmeza en el espíritu de la letra, con un ánimo dispuesto y resuelto y con una actitud firme, decidida, intencional, que marca las vidas de quienes reciben sus comunicaciones.

Cuando alguien lee un texto contundente, no lo olvida. Deja huella. Queda grabado en la memoria, y en el alma de las personas que son su público lector.

La contundencia no tiene nada que ver con comunicación grosera o con mensajes ofensivos. La contundencia va de la mano con la gentileza y la amabilidad del escritor. Es el balance, el equilibrio entre la firmeza y la diplomacia.

CAPÍTULO 4

PUNTUACIÓN, LA CLAVE DE ORO

- RITMO, ESTILO Y TEMPERAMENTO
- *CLAVES* PARA ESTRUCTURAR LOS TEXTOS CON
  ILACIÓN, RITMO, BREVEDAD Y AMENIDAD

El punto

La puntuación es el secreto más valioso del comunicador efectivo. La clave de oro. Con el punto alcanzará el estilo, ordenará las ideas, podrá ser breve, claro, concreto, sencillo... Con el punto conseguirá la gracia. Pero, sobre todo, marcará el ritmo, de tal manera que se escuche música en sus escritos.

Para ello, se necesita el «oído rítmico» del escritor. Cada frase le marca el paso a la siguiente, para llevar así el compás perfecto. Tal como las airosas «cumbiamberas», a ritmo de tambores, con una cadencia única. Rítmica, pero apacible. Sencilla, pero digna. Alegre, pero serena.

La *puntuación* es a la redacción lo que el ritmo es a la música.

No existen reglas fijas y estrictas acerca del tema. Se colocan puntos seguidos, puntos aparte, comas, punto y comas, puntos suspensivos... según el ritmo interior de la persona.

Es una parte tan vivencial y personal del texto que, si se analizan los párrafos de algunos escritores, encontramos con asombro cómo unos colocan punto donde otros prefieren punto y coma. Algunos colocan coma donde otros aplican punto seguido.

El *estilo* define la puntuación. Es decir, es cuestión de psicología de la redacción. Del carácter propio que el redactor les imprime a sus textos. Porque depende, en parte, de la personalidad y del temperamento de quien escribe.

Por razones obvias, no es lo mismo leer un escritor caribeño, que uno del interior. El primero, suena a cumbias, maracas, gaitas y tambores. El segundo, en cambio, suena a pasillos, bambucos, triples. El primero nos lleva a la inmensidad del mar, al calor, a la hamaca grande, al chinchorro, al olor de la guayaba. El segundo, en cambio, nos lleva a las montañas, al frío, a la ruana, al aroma del café endulzado con panela.

Ejercicios

Puntuación

Escriba una carta empresarial de tres párrafos largos, sin preocuparse por la puntuación.

_____

_____

_____

_____

_____

_____

_____

_____

Ahora escríbala en tres párrafos breves, sencillos, claros, con una puntuación bien aplicada, ¡¡*gracia y ritmo*!!

_____

_____

_____

_____

_____

_____

_____

_____

Para terminar, le dejo un regalo imaginario: el punto de oro.

Llévelo en el bolsillo. Aplíquelo a todos sus textos, como su clave de comunicación para toda la vida.

Su estilo como escritor se transformará.

La comunicación de la empresa se transformará.

Puntuación... Puntuación... Puntuación...

Y punto.

CAPÍTULO 5

CÓMO LOGRAR LA *ASERTIVIDAD*

- *CLAVES* PARA ALCANZAR EL EQUILIBRIO ENTRE PASIVIDAD Y AGRESIVIDAD
- *CLAVES* PARA ESCRIBIR CON UN LENGUAJE DIRECTO Y DETERMINADO, SIN TITUBEOS NI TIMIDECES. SÍ O NO.

LA *ASERTIVIDAD* ES UNA VIRTUD. SER ASERTIVO (CON «S», NO CON «C») significa ser afirmativo. No titubear. Llegar al punto de manera determinada. Saber decir sí o no, sin dudas, inseguridades ni timideces.

En la expresión escrita, la asertividad se pierde por la presencia de los vicios —estudiados en el capítulo I— como los conectores arcaicos, los párrafos largos y la falta de puntuación.

La asertividad en el estilo de un escritor empresarial es necesaria para mostrar contundencia. De lo contrario, no logrará la credibilidad, ni la efectividad en los resultados que tanto anhela.

Escribir con asertividad implica un «tono» firme en el manejo de las frases.

La persona asertiva no dice cosas como: «Si fuera posible, le agradecería me ayudara con la revisión de unas carpeticas sencillas sobre el informe de gestión, no muy complicadas, que no le quitarán mucho de su valioso tiempo. Y aunque la verdad me da mucha pena importunarlo con este asunto tan insignificante, le agradezco su gentileza en prestar atención a esta solicitud, para poder presentarla en la reunión del próximo jueves».

La persona asertiva diría esa misma frase en un tono mucho más firme, directo y contundente: «Gracias por la revisión oportuna de las carpetas del informe de gestión. Son muy necesarias para la reunión del jueves».

Nada peor que un escrito que no concreta, evade y anda con rodeos en cada uno de sus mensajes. Por inseguridad y temor a comprometerse.

¿Cómo conseguir la asertividad?

La asertividad se logra con una adecuada puntuación, frases breves, lenguaje directo —pero cálido y amable— y sin tantas «arandelas». Con oraciones muy afirmativas, que denotan la seguridad de quien escribe.

Ser un comunicador asertivo implica expresar con fuerza. Afirmar de manera positiva, segura y plena. Aseverar lo que se dice y sostener sus palabras con seguridad. Exteriorizar de manera franca. Ejercer autoridad y poder, sin imponer.

En la comunicación inteligente, la asertividad es el equilibrio entre ser agresivo y ser pasivo. Transmite con madurez y criterio, expresa convicciones. Es una forma de comunicación directa y equilibrada. Con autoconfianza.

Un escritor empresarial asertivo no se dirige a su equipo o a los líderes con frases como: «Podría ser», «De alguna manera», «Tal vez», «Quizá», «A lo mejor», «Quién sabe», «Déjame pensarlo», «De pronto»...

El asertivo utiliza un lenguaje determinado, con frases como: «Sin duda», «La manera más segura...», «Con seguridad», «Sabemos que», «Se trata de», «Creemos que», «Nos parece que», «Opino que»... con carácter firme y criterio seguro.

Esto eleva su nivel de impacto. Y, por consiguiente, su capacidad de ser exitoso y su competitividad.

Las herramientas de la asertividad

I. El punto: para escribir de manera asertiva, el mejor aliado es el punto seguido. Es una herramienta determinante para la contundencia.

2. La brevedad: sin duda, el lenguaje en espiral, con párrafos extensos que parecen interminables, por bueno que sea, no le permitirá jamás ser asertivo. Aplique la brevedad como una exigencia de la redacción virtual.

3. La ilación: cuando un párrafo le sigue al otro con ilación, es decir, con ideas consecuentes, conexión sin esfuerzos ni conectores embutidos, usted consigue uno de los niveles más altos de la asertividad.

4. Sí o no: para ser asertivo en los textos, es necesario decir sí o no con determinación. Sin dudar. Sin puntos medios. Esto expresa un estilo afirmativo, que transmite no solo la comunicación asertiva, sino un liderazgo asertivo y de alto impacto.

5. Criterio: el escritor asertivo transmite conocimiento del tema, experiencia en el campo y mucho criterio personal. Porque el lenguaje asertivo define ideas y genera valor agregado en cada párrafo. Es el lenguaje de un asesor con juicio, sabiduría, discernimiento y sensatez. Confiable.

La *asertividad* es la habilidad de expresar ideas o deseos con equilibrio entre ser amable y franco, en forma adecuada. Sin pasividad ni agresividad. Porque la pasividad evita. Y la agresividad ofende.

Asertividad es un factor determinante para desarrollar habilidades de negociación. El escritor asertivo negocia con todo, menos con los principios y valores. Porque estos no son negociables.

Algunos autores importantes con los que me identifico y que han sido de influencia para mi investigación sobre la comunicación, describen la asertividad como «una habilidad de la comunicación».

Otros prefieren quedarse en la definición básica del carácter. Es decir, persuasión es una capacidad del ser, que logra el balance entre ser agresivo o pasivo.

En ese sentido, podemos decir que el escritor pasivo no es capaz de expresar en forma franca sus sentimientos, pensamientos y opiniones. Muestra derrota, disculpas y falta de confianza. El escritor agresivo expresa sus opiniones de manera inapropiada, muy impositiva. Ataca los derechos de las personas. Incluye ofensas verbales, insultos, amenazas y comentarios hostiles o humillantes.

El escritor asertivo, en cambio, logra el perfecto balance. Se expresa con firmeza pero con amabilidad. Muestra confianza en sí mismo. Es expresivo, espontáneo, seguro y capaz de influenciar a otros con positivismo.

La Real Academia Española dice que «asertivo» es *afirmativo*. Viene de *aserto* (afirmación de la certeza de algo).

CAPÍTULO 6

EXPRESIÓN ESCRITA VIRTUAL

- *CÓMO* DESARROLLAR UNA EXPRESIÓN ESCRITA VIRTUAL EFECTIVA
- *CLAVES* PARA ENTENDER LA DIFERENCIA ENTRE LA REDACCIÓN DE TEXTOS IMPRESOS Y LA REDACCIÓN VIRTUAL
- CORREOS ELECTRÓNICOS, SITIOS *WEB* Y COMUNICACIÓN ESCRITA DIGITAL Y EN LÍNEA

LAS REDES DE INTERNET ENTRARON CON TANTA FUERZA AL MUNDO DE la comunicación que cambiaron todo el panorama de la escritura a nivel global. Ahora existen nuevas fórmulas para los mecanismos de los textos.

Por eso decidí incluir este capítulo, que podría ser el material para un libro aparte. Pero no quise pasarlo por alto, porque la redacción virtual es lo de hoy.

Sin duda, no es lo mismo escribir para leer de corrido en el papel de una carta impresa, o en la publicación de un periódico o revista. No es lo mismo escribir en *el tiempo*, que en eltiempo.com.

La redacción virtual es distinta a la impresa. Son lenguajes diferentes para publicaciones de géneros muy distintos. Por eso es necesario conocer las diferencias, para que usted no escriba textos en Internet como si estuviera en la era de la máquina Royal, o en la de la pluma en el tintero.

La herramienta del Internet exige que la forma de redactar sea mucho más clara, breve, rápida y sencilla, que cualquier otra manera de comunicación escrita.

Pero debemos aclarar algo: aunque cambien y se modifiquen los medios y los mecanismos, los principios de la comunicación escrita siempre serán los mismos.

Aunque avancen la informática y los sistemas, los principios de la comunicación no varían. Solo cambian los medios y herramientas para transmitirlos. Y a ellos sí debemos adaptarnos con rapidez, en forma cada vez más acelerada y cambiante.

Pueden modernizarse los recursos comunicacionales, los programas y las herramientas de transmisión de mensajes, pero no lo olvide: los principios para la comunicación escrita siempre serán inmutables.

Claridad, concisión, precisión, exactitud, sencillez, gracia. Son principios definitivos. Mucho más en lo virtual. Es decir, los principios avanzan, no se quedan obsoletos como el estilo. Porque en el plano digital del Internet, no solo se necesitan todos estos principios de la comunicación efectiva, sino que se duplica la necesidad urgente de ellos.

Por ejemplo, los principios de brevedad y exactitud en el mundo virtual son una exigencia. No son elegibles. O usted escribe en forma abreviada y concisa, o sus mensajes están mandados a recoger. O mejor, mandados a la basura de cualquier computador. ¡A la caneca!

Modelo de expresión

La redacción virtual es un nuevo modelo de expresión textual que exige un modo de escribir mucho más práctico y de vanguardia.

Pero, insisto, claridad, concreción, precisión, exactitud, brevedad, sencillez... serán los mismos siempre. Porque son principios fundamentales. No relativos a los cambios, tiempos, modas, tendencias o circunstancias.

Lo que sí cambia de manera abrupta, acelerada y vertiginosa, es la tecnología que nos atropella y nos exige con apresuramiento una forma actualizada y renovada de redactar.

Para ello, más que renovar los formatos, es necesario romper los paradigmas y cambiar la forma de pensar. Es como «resetear el disco duro» de su forma de pensar, para que cambie su manera de escribir.

En lo virtual, ya no pensará más en los clásicos modelos de «introducción, nudo y desenlace», tal como le enseñaban en el colegio como estructura para escribir un cuento.

En la redacción digital debe pensar en cuadros de pantalla. En textos de «flash». En correos que no se pueden demorar más de cinco minutos y por eso no permiten larguísimos saludos y despedidas retóricas, que quitan mucho tiempo e impiden la fluidez.

La sensación de transformar sus textos del sistema arcaico al virtual, es la misma que se experimenta al ver un programa de «cambio extremo» en televisión. Es como si estuviera ante una serie de *Discovery Human Health*, en la que le cambian todo el vestuario a una esposa que se aferra a sus blusas, faldas, chaquetas y jeans viejos, porque le «gustan», y son más baratos.

Pero cuando entran los diseñadores a su armario y le botan todas las prendas viejas y aburridas, logra un cambio impresionante, que no solo le permite verse mucho mejor, sino que también le mejora la seguridad, la autoestima y la calidad de vida.

Cuando usted se conecta con una expresión escrita virtual directa y sencilla, siente que está parado en el lugar correcto, en la era adecuada y que la tecnología no le atropella.

Se sorprenden todos los asistentes a mis talleres cuando les digo que es posible lograr el equilibrio entre lo virtual y la belleza de la redacción. Rompen el paradigma de creer que escribir bien es solo un asunto para libros o papel periódico.

La habilidad de la redacción virtual cotidiana consiste en conservar las virtudes de un buen escritor, aunque escriba una sola línea para enviar por correo de Internet en la empresa, o a un amigo.

En un párrafo virtual, conciso y breve, se puede ser no solo altamente efectivo —como diría Stephen Covey— sino altamente inteligente, innovador, asertivo y persuasivo en la comunicación virtual de alto impacto.

Es cuestión de no dejarse entorpecer más por los sistemas y sentirle el sabor especial a esa nueva opción que tiene en frente. Salir de lo convencional. Comenzar a escribir en forma más compacta, directa y sencilla.

En las entidades donde conseguimos el cambio extremo en un grupo, siempre dicen un poco temerosos: «Muy bueno lo que logramos, pero ahora es necesario que todos en la empresa asuman esta metodología».

Tienen razón, esta transformación hacia una redacción virtual menos formal, más breve, directa y sencilla, debe ser asumida e implementada en su totalidad. Es para todos. De lo contrario, será muy difícil de conseguir un cambio cultural.

Porque al retirar el sistema arcaico, los que no quieren asumir la innovación de la redacción hacia lo virtual, tildarán de «groseros», ásperos e irrespetuosos a quienes escriben con mensajes directos y sencillos.

La tendencia del minimalismo, «menos es más», aplica mucho más a lo virtual que a cualquier otra forma de redacción. Es el valor de lo simple en todo su esplendor digital. Genialidad en línea.

Implica además ejercitar una habilidad mayor de escribir en forma más rápida y fluida, aun bajo presión de tiempo. Esto redundará, por supuesto, en una mayor productividad.

EJEMPLO

Para entender un poco la diferencia entre un texto de redacción impreso y uno virtual, mostraré algunos ejemplos de los que yo llamo «casos de la vida real» o el «reality» de la comunicación escrita.

Caso #1

REDACCIÓN NO VIRTUAL

Señores
Empresa X
Att.: Dr. Carlos Duque
Ciudad.
Respetado doctor:
Cordialmente nos dirigimos a usted para presentarle las explicaciones correspondientes a los problemas sucedidos

con su tarjeta de débito, la cual quedó bloqueada por haberse utilizado en repetidas ocasiones por su parte, esto presentó los inconvenientes propios de un bloqueo de la respectiva tarjeta, ya que el número de utilizaciones que usted aplicó, excedió el número de oportunidades a los cuales usted tiene derecho, por la ley.

Agradecemos su interés por comunicarse con nosotros y le reiteramos nuestra voluntad de servicio.

Si tiene alguna inquietud, no dude, por favor, contactarnos y le resolveremos sus inquietudes de inmediato.

Cordialmente,

Paulina Medina

REDACCIÓN VIRTUAL

Señor Carlos Duque

Buenos días.

El bloqueo de su tarjeta de débito presentó inconvenientes. El número de utilizaciones se excedió.

Agradecemos su interés y esperamos servirle pronto.

Si tiene alguna inquietud, no dude en contactarnos.

Saludos.

Paulina Medina

Los textos en una página *web*

Para ser ágiles en la redacción de páginas *web*, es necesario entender tres elementos decisivos en la comunicación virtual:

1. Espacio

La información escrita en una página no puede ocupar más espacio del que puede recoger la pantalla.

2. Enlaces

Los enlaces de información solo se deben insertar al final de la página, para no perder al lector.

3. Amenidad

Las imágenes, videos y sonido son herramientas clave para combinar con los textos. El redactor de sitios *web* puede combinarlos, como parte de su comunicación.

Comunicación escrita global

La expresión escrita contemporánea, transmitida por sistemas digitales y virtuales, está ligada a la globalización y en forma acelerada.

En el lenguaje virtual los textos son mucho más sencillos, con oraciones más simples. Todo debe partir de un párrafo matriz, con los elementos centrales de la información. Luego se pueden incluir los conocidos *links*, o enlaces, donde se destacan los elementos más importantes de la nota.

Al mismo tiempo, conectan con los complementos del texto principal. Esos enlaces, insertados dentro del mismo documento para evitar los escritos muy largos, son las llamadas anclas o *anchors*.

Son enlaces interiores hacia una página. Ayudan a manejar, organizar y acceder al contenido de una página con facilidad.

La redacción virtual también permite la división del texto en bloques de pocas líneas.

Otro tema clave es la posibilidad de escanear mientras lee las páginas *web*. Lo más aconsejable es organizar la estructura de los artículos en varios niveles, con títulos que aclaren el contenido y lo hagan más sencillo.

Se da énfasis a aquellas palabras que llaman la atención e impactan al lector.

La presencia de hipertextos

Respecto a los mecanismos de escritura virtual hipertextuales, uno de los autores más reconocidos, Nielsen, asegura que «la función de los hipertextos no es segmentar una información de una página *web* o una intranet en múltiples páginas, cuya carga no solo dificultaría la lectura, sino también la impresión del documento».[1]

Prefiere enfocar algunos aspectos clave de la información, o una teoría acorde al tema, o cifras y datos paralelos.

La estructura del hipertexto debe centrarse en la necesidad de los lectores. Aquí el principio de la pirámide invertida sigue vigente: de lo principal a lo secundario. Para llevar al lector en forma inmediata al sentido del documento.

Para el lenguaje y el contenido, se debe utilizar un modelo de expresión escrita amigable y cercano, que contenga todas las características de la redacción profesional descritas en los primeros capítulos de este libro: brevedad en las frases, lenguaje simple, minimalista, claridad y sencillez. Para que las líneas del contenido sean fáciles y con un lenguaje universal, para el público global.

Los correos electrónicos (*e-mails*)

El correo electrónico es hoy una de las formas de comunicación más común y efectiva.

Como todas las herramientas virtuales, todo depende del buen o mal uso que se les dé.

Poco se sabe acerca de la etiqueta y el protocolo de la expresión escrita virtual. Lo que sí es claro es que si usted logra expresarse de la manera más adecuada y correcta, logrará mayor impacto y mejores resultados.

También puede ser definitivo el buen uso del correo electrónico para dar un manejo efectivo a su tiempo diario. Así será más eficiente y proyectará una imagen de comunicador asertivo de sí mismo.

El modelo «MADE»

Un proactivo jefe de área de una entidad me dio a conocer este modelo llamado MADE,[2] que me parece muy sencillo y ajustable. Además, muy acorde a lo que hemos aprendido sobre la expresión escrita.

Se trata de una fórmula (acróstico) que sirve como guía para estructurar un correo. Aunque la palabra *made* es del inglés, sirve en el español, si se aplica de la siguiente forma:

- Mensaje: resuma el mensaje con un máximo de dos o tres frases.
- Acción: indique qué acción requiere del cliente o qué acción va a tomar usted sobre el mensaje del cliente.
- Detalles: responda a las preguntas: ¿qué?, ¿cuándo?, ¿dónde?, ¿por qué?, ¿cómo? y ¿cuánto?...
- Evidencia: aquí van los anexos, pruebas, que dan soporte a la información que brindó previamente.

Protocolo y etiqueta del correo electrónico

Estas son algunas claves puntuales para tener en cuenta en la comunicación escrita de correos electrónicos (*e-mail*).

- Fácil: un correo electrónico no puede ser largo y pesado de leer. La herramienta del Internet está pensada para dar mayor agilidad, facilidad y rapidez a la comunicación. Pero a veces se torna más compleja y formal que una carta impresa en papel.
- Práctico: su correo electrónico debe responder a todas las preguntas que reciba en el mensaje. Y estar

listo de antemano para responder a la réplica que le van a enviar luego. La proactividad es una virtud que se puede maximizar con la comunicación escrita virtual.

- Limpio: aunque los mensajes sean más informales en Internet, se debe tener el mismo (o mayor) cuidado con la ortografía, reglas gramaticales y de puntuación. Por el facilismo y la rapidez del *e-mail*, los escritores cotidianos se descuidan un poco (o mucho) con la limpieza del texto.

- Amable: las mayúsculas sostenidas no son recomendables dentro de los mensajes virtuales. Porque, en primera instancia, no permiten leer bien el mensaje. Pero además, porque está visto que la gente lo relaciona con una forma de escribir ¡GRITADA!

- Sin «ruidos»: los fondos con elementos decorativos para llamar la atención, parecen divertidos, pero pueden verse como «arandelas» innecesarias.

  Se pierde la elegancia y formalidad de la comunicación. Sobre todo si se trata del ámbito ejecutivo y profesional. Genera «ruidos» en el mensaje. Además, se aumentará el número de *bytes* a transmitir. Esto hace más lentas las conexiones a Internet.

- Saludos sencillos: los saludos de bienvenida son muy importantes y necesarios. Sobre todo al comenzar un nuevo asunto o mensaje.

Salude con respeto y gentileza, pero de manera sencilla. No es necesario incluir todos los protocolos de saludos de la comunicación impresa.

Pero si se trata ya de un intercambio de mensajes, con muchos envíos al mismo correo, en una seguidilla de mensajes dirigidos a la misma persona y sobre el mismo asunto no es necesario saludar cada vez que se envía una respuesta o comentario.

Evite el consabido «Hola» para saludar en todos sus correos, porque ya está muy común y le quita seriedad a sus mensajes. Invente un saludo propio, innovador, agradable y respetuoso, pero cálido y de alto impacto.

- Serie ordenada: cuando se trata del intercambio de varios mensajes seguidos dentro de la misma conversación, incluya toda la serie acumulada en el mismo archivo.

   Facilite a todos los involucrados el seguir la conversación. Es una medida de orden muy útil para todos los que reciben grandes cantidades de mensajes en su día a día.

- Sin distracción: las frases demasiado «motivacionales» distraen al lector del propósito principal del mensaje. Trate de mantener una comunicación escrita virtual serena y sobria. Esto hablará bien de usted y será más agradable a sus lectores.

- Despedida efectiva: para despedirse en un mensaje de correo electrónico no necesita decir frases largas y muy formales, como si se tratara de una clásica carta impresa, con mucho protocolo.

Solo necesita despedirse con una frase amable. Pero asegúrese de que esta lleve la acción del próximo paso.

Que sea una despedida efectiva, con una invitación a continuar los procesos y a generar valor agregado. Algo como: «Especial saludo. Espero sus comentarios» o «Gracias. Lo llamaré pronto», o «Saludos. Seguiremos en contacto».

- Información personal: la firma debe llevar su nombre completo, y además ir acompañada de los datos necesarios para que el receptor lo identifique y pueda contactarlo. Incluya el nombre de la entidad, el cargo, teléfonos, dirección, página *web*.
- Revisión previa: antes de indicar «enviar» al mensaje, la mejor opción es revisarlo bien. De esa manera evitará errores que, además de dejar una mala imagen suya, pueden traer riesgos y conflictos.

CAPÍTULO 7

EL ESTILO PERSONAL: LA IDENTIDAD Y EL PERFIL DEL ESCRITOR

- *CÓMO* DEFINIR SU IDENTIDAD DE ESCRITOR, SU SELLO PERSONAL Y ÚNICO
- ORIGINALIDAD, DIFERENCIAL, «FACTOR X», AUTENTICIDAD
- *CLAVES* PARA ALCANZAR SU ESTILO, DESDE SU PROPIA PERSONALIDAD, TEMPERAMENTO, CARÁCTER Y TRASFONDO

La «temperatura» del escritor

A la «temperatura» interior de las personas según su forma de ser y de comportarse desde su nacimiento, es a lo que Hipócrates —el padre de la medicina en Grecia—, llamó el «temperamento» humano.

Durante los últimos veinte años he investigado sobre el tema y he dictado muchas conferencias al respecto en diversos espacios de influencia, auditorios académicos y empresariales.

El análisis detallado de los textos de cada uno de los profesionales en todos los grupos entrenados me llevó a concluir que esos cuatro temperamentos enunciados por Hipócrates definen en forma determinante el estilo de los escritores.

Se escribe desde el *ser* interior. No solo desde el saber, el tener o el hacer.

Cada texto muestra la actitud y comportamiento de la persona, su propia forma de ver la vida y de resolverla. Por eso se dice, en sentido figurado, que a uno lo «leen» según su forma de comportarse y sus actitudes. Y el mejor punto para entender esa «lectura» del ser de un individuo es su comunicación.

En el día a día de una persona que desarrolla sus metas bajo presión es cuando más se nota el estilo personal. Es decir, la manera de responderle a la vida, a las responsabilidades, al trabajo en equipo, a la inteligencia emocional.

Cuando leo los escritos de personas de la alta gerencia de una entidad financiera o del sector real, me sorprende esta realidad del ser, plasmada en las letras. Allí es donde se encuentran todos los perfiles y estilos.

«En un vaso olvidada, se desmaya una flor...»

Al iniciar cada taller de expresión escrita, hago un ejercicio que muestra en forma sorprendente este tema de los temperamentos y los estilos.

Se trata, para realizar un primer diagnóstico, de un juego divertido y sencillo pero muy profundo y certero en los resultados.

Esta dinámica lúdica, que además siempre sirve para derretir el hielo inicial de un seminario o taller, consiste en dictar una frase y que todos los participantes la escriban un mínimo de cinco maneras diferentes.

La frase es, como en la poesía del poeta Rubén Darío: «En un vaso olvidada, se desmaya una flor...».[1]

Mi papá la utilizaba también con sus alumnos de redacción y fue uno de los ejercicios que más me marcó de sus enseñanzas. Hoy la aplico al lenguaje actual, virtual y organizacional, en una versión actualizada y ampliada, con increíbles resultados.

Después de dictar la frase, todos en silencio comienzan a escribir su lista de opciones. Transcurren quince minutos, por reloj. Al concluir el juego, todos leen lo que escribieron. Uno por uno. ¡Es impresionante escuchar las cosas que dicen! Ellos mismos se sorprenden con el resultado. Hasta descubren unos a otros ese lado creativo que no conocían de sus compañeros. ¡Ni de sí mismos!

Al terminar la jornada, se concluyen dos cosas. La primera conclusión es que nada está escrito en piedra.

Hasta el inmutable y absoluto decálogo de los mandamientos de la ley de Dios, dictados por Él a Moisés, que fue escrito en tablas de piedra. Este las rompió y las volvió a escribir, por orden del mismo Dios.

Claro que al escribirlos de nuevo, no perdieron su esencia, ni su contundencia eterna. Como dice el filósofo Fernando Savater, los mandamientos no son relativos, sino absolutos. No son cambiables en la esencia, aunque pasen todos los siglos.

Por eso, en este caso, no era cuestión de cambiar el estilo perfecto de la redacción de Dios, sino la imperfecta y obstinada desobediencia humana.

El ejemplo sirve solo para demostrar que aun lo «escrito en piedra» se puede volver a escribir de diferentes maneras, incluso lo escrito por Dios.

La segunda conclusión es demostrar cómo, con la misma instrucción, la misma frase, las personas pueden escribir cosas completamente diferentes que no tienen nada que ver las unas con las otras. Porque cada uno desarrolla la idea desde su propio estilo, temperamento y personalidad.

Y allí aparecen los perfiles. Me emociona este ejercicio. Es muy especial ver a los ejecutivos sorprendidos por el resultado.

Estilos

Juiciosos: dicen la misma frase en cinco formas muy alineadas, solo le cambian el orden a las palabras y punto. Estos son los aplicados, hacen bien la tarea, son los «juiciosos», que solo se limitan a cumplir la instrucción, al pie de la letra. Sin preocuparse por ser creativos, originales o de alto impacto.

Sensibles: dejan salir su lado poético, romántico, y desarrollan composiciones bellísimas. Y todo el grupo termina llorando al lado de ellos, porque son capaces de tocar las fibras más sensibles del alma. O sacar a flote los suspiros más hondos.

Creativos: inventan palabras ingeniosas, llenas de matices, verbos, adjetivos, que nadie les dictó. Pero les fluyen de manera natural. Son los de la tendencia al realismo mágico «garciamarquiano».

Cronistas: crean, de una simple frase, una novela completa, un cuento o una crónica de muerte anunciada.

Metódicos: solo quieren desarrollar un ejercicio perfecto, en métrica y orden, sin desmedirse en la expresión. Todo está escrito como con gomina. Cada palabra tiene un justo y sobrio lugar. Digno y equilibrado.

Analíticos: siempre buscan la causa y el efecto, convierten todo en un informe racional, muy lógico, pragmático. Explican con detalle el porqué de las cosas. Son asesores por naturaleza. Generan valor agregado en cada oración. Líderes innatos. Escriben soluciones.

Diplomáticos: son los amables, tranquilos, que no se esfuerzan demasiado para lograr unas frases célebres, gentiles, centradas y matizadas de diplomacia. Su capacidad de escribir está direccionada hacia las personas, la amistad y el servicio.

Humoristas: tienen una chispa impresionante para hacer reír al lector, o por lo menos hacerlo esbozar una sonrisa con lo que escriben. Cuentan con una capacidad innata, superior, para conseguir que sus escritos sean un deleite de buen humor.

Dramáticos: utilizan verbos y adjetivos con orientación a la novela de terror o de suspenso. Por lo general, muestran una tendencia a matar la flor, romper el vaso, hablar de sombras, tragedia y sangre. Son muy especiales en su forma de escribir. Se apasionan por una historia inverosímil, casi que de Franz Kafka o de Agatha Christie.

En rosa: convierten la frase en una novela rosa de Corín Tellado. Hablan del abandono de la flor, de la tristeza profunda, del amor perdido y de los sollozos del vaso olvidado.

Gráficos: siempre dibujan las ideas sobre el papel. En este caso, pintan la flor en posición de desmayo y el vaso. Nada más. No redactan, ni escriben una palabra, solo ilustran la frase. Y casi siempre logran gráficos muy llamativos, con personalidad definida y trazos muy determinados.

Mucho más que gramática

Todo este análisis me ha llevado a entender que el oficio de escribir es mucho más que gramática y leyes ortográficas. Los textos empresariales, aunque estén metidos en formatos y lineamientos organizacionales, ¡también muestran el estilo propio!

Por eso insisto a los jefes, líderes, gerentes, vicepresidentes de áreas, para que no pretendan obligar a sus subalternos a que todos escriban como ellos. Cuando los corrigen, les exigen cambiar los textos, sin interpretar el estilo de cada uno.

Ese es un síndrome bastante común en las universidades con los profesores de buena voluntad, que quieren «corregir» a sus alumnos. Mucho más en las entidades con los jefes de buena fe, que quieren «enderezar» a sus subalternos cuando les corrigen los textos. Pretenden que todos escriban igual a ellos. Pésimo.

Porque el líder tiene un temperamento y los subalternos otro muy distinto. Por eso, su pericia como corrector de prueba de los informes y escritos de su equipo debería consistir en ser sensible al perfil de cada uno, para poder corregirlos y «leerlos» de acuerdo con sus temperamentos. Es el liderazgo situacional aplicado a la expresión escrita.

Entienda lo siguiente: ninguno va a escribir como usted. Si logra que todos escriban igual, los perdió en su esencia. Los robotizó. Los mecanizó y, lo peor, dejó de ser un buen líder receptivo para convertirse en un jefe autocrático e intransigente.

Con eso de líder receptivo me refiero al que sabe reconocer los estilos de su gente para maximizarlos. No solo para corregirlos en forma rígida y cuadriculada, a su antojo y acomodo.

Es justo aquel que sabe tomar lo mejor del estilo de cada uno para empoderarlo y llevarlo al mejor aprovechamiento

de su potencial. Desde su propia identidad y esencia individual. Magnífico.

Perfiles

Los cuatro temperamentos básicos diseñados por Dios
para cada una de las personas, como su huella digital y
descritos de manera magistral por Hipócrates son: sanguíneo, colérico, melancólico y flemático.

He visto que todas las mediciones habidas y por
haber a nivel empresarial están basadas en esta tipología
humana.

Les aplican diferentes colores, nombres, mediciones y
diagnósticos. Las subdividen y diversifican en muchos más
tipos, por sus mezclas o porcentajes pero, al final, todos
concluyen en estos mismos cuatro temperamentos básicos.

Para efectos de aprendizaje, recordación y análisis de
los tipos de escritores que se pueden encontrar entre los
profesionales de una entidad, aquí les daremos nombre
propio a cada uno.

También para que usted se identifique con alguno (y
hasta dos o tres de ellos, en porcentajes). Pero siempre con
uno que marca la pauta. No solo para escribir, sino para
todo en su vida.

Análisis de los cuatro temperamentos básicos de Hipócrates, aplicados a la expresión escrita:

Al revisar la tipología planteada por Hipócrates y aplicarla a la de los escritores —ejecutivos, profesionales,

gerentes, vicepresidentes, presidentes, líderes corporativos, estudiantes y académicos universitarios—, encontramos:

1.   Escritor de temperamento N° 1: sanguíneo
Vivaz, amable, emotivo, impredecible y chispeante.

2.   Escritor de temperamento N° 2: colérico
Firme, serio, práctico, tajante y objetivo.

3.   Escritor de temperamento N° 3: melancólico
Idealista, romántico, crítico, perfeccionista y analítico.

4.   Escritor de temperamento N° 4: flemático
Tranquilo, lento, espectador, buena gente, pacífico y con un humor especial.

A los cuatro temperamentos básicos de los escritores corporativos y gerenciales les daremos un nombre propio en su perfil, para reconocerlos e identificarlos.

Perfil N° 1: escritores con «calidez»

Son superextrovertidos, saben «vender» las ideas. Siempre quieren agradar, no tienen problemas en relacionarse con la gente a la que escriben.

Aunque no son muy organizados en sus líneas, son originales, vivaces y llenos de propuestas inteligentes, innovadoras y vivaces. Saben persuadir y son muy amenos en sus textos.

Su inteligencia ingeniosa, innovadora y muy cálida los lleva a escribir enfocados en el «quién» de todos los textos, porque para ellos lo más importante es la gente y las relaciones.

Oportunidades de mejoramiento

- *Conseguir* el equilibrio entre la calidez extrema de sus párrafos y los resultados objetivos.
- *Apuntar* a los resultados, no solo a agradar.
- *Escribir* cifras exactas y no divagar entre los calificativos agradables, que pueden resultar excesivos.
- *Organizar* las ideas en forma clara, sin tantos rodeos que no conducen a nada. Volverse concisos y precisos. No escribir demasiados párrafos en espiral y extenderse, sino ser puntuales.
- *Ser asertivos* para afirmar sí o no. Sin decir «sí» a todo por el afán de «vender» y persuadir, que es su mayor fortaleza. Pero puede convertirse en su debilidad.

Perfil N° 2: *escritores con «concreción»*

Son directos, rígidos, estrictos, muy concisos y demasiado concretos. Tanto que a veces se leen como ofensivos e hirientes. Solo les importa el resultado.

Apuntan al objetivo. No quieren agradar con sus palabras, sino mover a la gente a ser productiva, a trabajar, no a relacionarse. La calidez no está entre sus prioridades. La sensibilidad les parece casi una estupidez.

Cada frase que escriben es como una espada directa a la yugular del lector. Todo lo que dicen apunta al objetivo. Nada sobra. Lo que se relacione con frases cálidas y amables les parece inútil y demasiado incongruente. Sobra.

Cuando hablo con ellos en los programas de aprendizaje, me dicen con certeza: «Yo soy demasiado directo(a), la gente cree que estoy bravo o regañando cuando escribo, pero no. Lo que pasa es que no sé escribir de otra manera».

Veo que, en verdad, piensan que son los demás los que están mal y los que no entienden nada, porque ellos están haciendo bien su tarea. Y punto.

Su inteligencia práctica los lleva a escribir siempre sobre el «para qué» en todos sus textos.

Oportunidades de mejoramiento

- *Conseguir* el equilibrio entre la autoridad extrema de sus párrafos y la amabilidad.
- *Apuntar* a la calidez y a la diplomacia.
- *Escribir* algunos adjetivos calificativos que maticen sus textos.
- *Permitir* la fluidez de sus ideas, sin tanta rigidez cuadriculada. No enfocarse solo en los resultados. Aunque esa sea su mayor fortaleza, puede

convertirse en su principal debilidad. Puede llegar a verse frío y obstinado.

- *Ser persuasivo*, tratar de «vender» las ideas y convencer acerca de las bondades y beneficios de lo que escriben. Permitir así el disfrute del día a día de los que lo leen y del suyo propio al escribir.

Perfil N° 3: escritores de «perfeccionismo»

Son los superperfeccionistas, analíticos, detallistas, que cuando escriben solo transcriben el análisis de los riesgos, las dificultades posibles y los problemas a tratar.

Sus párrafos dejan ver el vaso medio lleno y no medio vacío. Porque escriben con la mentalidad pesimista de su melancolía discreta, sigilosa, prudente y cautelosa.

Son gentiles, pero un poco formales y distantes en sus escritos. No les interesa para nada ser cálidos con sus lectores, sino que tienden más bien a ser los mejores críticos del área de trabajo.

Pueden también filosofar a profundidad sobre la visión, la misión, los objetivos y los valores de una entidad, con una profundidad en las líneas que pocos consiguen.

Su inteligencia analítica les permite llevar al detalle máximo un informe, con el «porqué» de todos los conceptos.

Oportunidades de mejoramiento

- *Conseguir* el balance entre el análisis minucioso de los riesgos y el impacto de una comunicación más propositiva, hacia lo positivo y no hacia lo negativo.

- *Apuntar* a las oportunidades de mejoramiento continuo en sus escritos, no a las debilidades y posibles amenazas.

- *Escribir* con frases que motiven y empoderen a sus equipos y a la gente que los lee, para generar ánimo y no desconcierto y desánimo.

- *Permitir* la fluidez de sus ideas, desde la parte alegre, amable y empática de su expresión escrita.

- *Ser contundentes* para escribir con frases empoderadoras, motivadoras. Sin decir a todo «no», por temor e inseguridad en la comunicación.

Perfil N° 4: escritores de «diplomacia»

Son tranquilos en su redacción, apacibles en la transmisión de los mensajes y muy prudentes con la comunicación escrita en general.

Todas sus ideas y pensamientos están blindados por un teflón de diplomacia. No se siente en ellos ningún ánimo en sus líneas. Ni de calidez, ni de obstinación, ni de crítica. Prefieren los textos pacificadores, que promueven la tranquilidad.

Pueden pasar la vida, hasta jubilarse, con los mismos formatos de textos, sin preocuparse por nada.

A veces, esa fortaleza se les puede convertir en debilidad, porque podrían leerse como demasiado fríos, despreocupados, frescos y hasta perezosos, con falta de iniciativa y emprendimiento.

Su inteligencia es brillante. Porque la llamada «ley del menor esfuerzo», los lleva a desechar todas las ideas que sobran. De esa manera se convierten en los pensadores más atinados, centrados y agudos de cualquier empresa.

Su principal habilidad es la asertividad. Aunque ser asertivo implica un equilibrio entre la pasividad y la agresividad, y a ellos más bien se les inclina la balanza de sus escritos hacia lo pasivo, mantienen un tono muy equilibrado en todo lo que dicen, sin desmedirse en nada.

Los escritores diplomáticos saben quedar bien con todo el mundo, y la mayoría de las personas los aprecian mucho, porque sus comunicaciones escritas son muy apacibles y amables.

Su inteligencia tranquila, alejada del protagonismo y más cómoda con el bajo perfil, está dirigida hacia el «qué» de los textos. Sin cuestionar el cuándo, dónde, por qué y para qué.

Oportunidades de mejoramiento

- *Conseguir* el equilibrio entre la diplomacia y el pragmatismo. Incursionar con las frases emprendedoras para desprenderse un poco de la pasividad de sus textos.

- *Apuntar* al lenguaje directo y objetivo en busca de resultados. Aunque no le parezca tan «centrado» y se sienta un poco indeciso y temeroso, lo llevará a la efectividad, la eficiencia y eficacia de su comunicación escrita.
- *Escribir* con frases que animen a su equipo a un liderazgo proactivo, impulsado hacia los resultados contundentes.
- *Permitir* que fluyan las iniciativas de alto impacto, y no quedarse siempre en las mismas frases «de cajón», aburridas, perezosas y muy arcaicas.
- *Ser impactantes* para escribir con frases que se salgan de lo común y lleven al lector a una conclusión inmediata, sin lentitud ni pesadez.

Correos reactivos

El vicepresidente de auditoría de un banco europeo en Colombia me dijo un día, después de tomar la capacitación en expresión escrita virtual: «Creo que logré llevar a la práctica esta enseñanza de no ser reactivos con los correos».

Y continuó: «Yo tenía que responderle a una persona un correo en el que me había culpado de manera injusta por un informe. Quise responderle enfilando todas mis baterías cargadas de furia con copia a su jefe, al presidente del banco y al comité ejecutivo.

»Pero después de escribirlo, rumiarlo, escribirlo más de diez veces mientras bufaba como un toro, echando humo por la nariz y los oídos, decidí detenerme, paré, pensé, respiré profundo, lo guardé entre los borradores y no lo envié».

Yo le pregunté: «¿Cuánto tiempo gastaste escribiendo ese correo?», me contestó: «Como dos horas, aproximadamente, porque se trataba de un tema muy delicado». Y le respondí: «La próxima vez, ni siquiera lo escribas. No pierdas tiempo. Reflexiona, para, respira y detente, antes de gastar tu tiempo en la reacción».

Ahora, cada vez que me lo encuentro, me recuerda esa situación y me dice que está feliz con la cantidad de tiempo que ha ganado, sin desgastarse tanto con esos correos absurdos que no resuelven nada, pero que le quitan mucho tiempo.

Me parece que el taller de expresión escrita le sirvió a ese vicepresidente de auditoría mucho más que para escribir. Le funcionó muy bien la fórmula de no ser reactivo, para moldear su carácter y desarrollar su inteligencia emocional en la comunicación.

Aunque también se pueden evidenciar el carácter débil, la falta de iniciativa y emprendimiento en los correos electrónicos. Una de las peores falencias de la comunicación empresarial es la de los correos que nunca se contestan.

El funcionario se desgasta escribiendo un informe de cinco páginas para toda el área, a la espera de la respuesta de, por lo menos, el veinticinco por ciento de las personas del equipo.

Pero ninguno contesta. No obtiene respuesta de nadie, porque aquí lo que existe es la cultura «paquidérmica», donde la comunicación parece más bien un elefante gigante, sordo y viejo en la mitad del desierto, que no se mueve ni porque lo empujen.

Este ya no es un problema reactivo, sino de pasividad y cultura del «quemimportismo». Es decir, nadie responde, porque no le importa. O porque no quieren comprometerse. Están metidos dentro de una «caja», como en la investigación del Arbinguer Institute.

Saben que si responden se van a comprometer, por lo que prefieren no contestar. Por eso no hay retroalimentación o el llamado «feedback» de la comunicación. Desesperante.

Creo que en este caso, el escritor virtual debe ser mucho más inteligente y sagaz, para saber cómo «vender» las ideas, de tal manera que no se las manden a la basura del computador. Porque en este tipo de culturas, la mayoría de las comunicaciones escritas terminan en la papelera. Corre el riesgo de que lo envíen al «trash».

En estos casos, tanto en el ámbito reactivo, como en el pasivo, se requiere, además de una capacitación en comunicación escrita, una transformación cultural de fondo, que lleve a las personas al mejoramiento continuo de su carácter.

PARTE III

ESCUCHAR

Se necesita coraje para pararse y hablar.
Pero mucho más para sentarse y escuchar.

—Winston Churchill

CAPÍTULO I

LOS VICIOS Y DEFECTOS MÁS COMUNES DE LA ESCUCHA

Vicio 1: egocentrismo

La incapacidad de escuchar es directamente proporcional al egocentrismo de una persona.

Un líder que con individualismo y afán triunfalista padece el antivalor de la prepotencia, que solo piensa en sí mismo, en alcanzar sus resultados y demostrar sus logros, jamás podrá desarrollar la competencia de escuchar como parte de sus habilidades comunicacionales.

Lo vemos a diario en todas las entidades. También en las familias. Los principales problemas y conflictos surgen porque las personas se sienten poco escuchadas. Se quejan de que sus jefes o sus padres no tienen tiempo para ellos, porque siempre están en «lo suyo».

El egocentrismo se ha vuelto un vicio tan común en la comunicación de las personas que ya ni siquiera es reconocido como un defecto. Se ha vuelto un estilo normal de vida y es «aceptado» por todos.

Es común que en el día a día de una casa o de una empresa, todas las personas estén encerradas en su mundo, cada vez más, por la cantidad de herramientas digitales y de redes sociales de comunicación existentes. En efecto, es normal que en una misma casa cada persona esté sumergida en su propio computador, involucrada en comunicaciones virtuales con una infinidad de personas repartidas por el mundo pero con serios problemas de comunicación con los que le rodean: esposa, hijos, amigos, subalternos...

La acelerada digitalización del Facebook, del Twitter, del Skype, del correo en la Internet, del BlackBerry, del iPhone, del iPad, y de los celulares que «facilitan» la comunicación con todo el mundo, vuelve cada vez más difíciles las relaciones interpersonales.

En esta era de las comunicaciones superavanzadas vivimos paradójicamente incomunicados con los seres más cercanos. Si no las sabemos utilizar con inteligencia terminarán por convertirse en las exterminadoras de nuestras relaciones con las personas más cercanas y queridas.

Hasta hace unos años —una década tal vez— los comunicadores, los psicólogos, los sociólogos, nos preocupábamos por la influencia de la televisión en las personas con su terrible capacidad de alienación. Hoy, la lucha es mucho más fuerte. Ahora, el televisor viene en tamaños imponentes, con pantallas gigantes y con sonidos de «teatro en casa», con altísima fidelidad, buenísimo para ver y escuchar todo el día pero, además de eso, cada cual vive en su propio mundo virtual y se olvida de lo que gira a su alrededor.

Ese mal de enfocarse solo en las redes digitales personales y olvidarse del próximo, del prójimo, impide que las personas desarrollen su capacidad de escuchar; es decir: los avances de la comunicación permiten conexiones con personas al otro lado del mundo pero bloquean la capacidad de escuchar a una persona ubicada al frente o al lado suyo, incluyendo a los seres más queridos, que terminan por convertirse en los más ignorados, mientras podemos atender a una persona que se encuentra lejos y a la que no conocemos personalmente o que no vemos desde hace años.

Las nuevas generaciones no conocen otra forma de comunicarse que por medio de las redes sociales y la Internet. Quiere decir que si queremos conservar las relaciones en la familia y en las organizaciones tendremos que combatir ese vicio del egocentrismo de verdad.

En la actualidad, es común ver a un alto ejecutivo pasar ocho y hasta diez de sus horas de trabajo concentrado en su computador sin conversar con nadie y sin interactuar con otras personas. Y, es más común todavía ver esposos sentados en una sala, cada cual con su computador, dedicados a leer y responder los mensajes recibidos por la Internet, o «chateando» en Facebook, MSN, Gmail, Hotmail, Yahoo...

Tal parece que están juntos, pero cada cual por su lado, en su propio mundo virtual, donde solo quieren comunicarse con la gente conectada a su computador pero se mantienen desconectados de la comunicación del mundo real.

Si todo el día estoy conectada a mi correo electrónico, estaré desconectada de las personas que me rodean. Aunque sean las que más amo. O las que más necesitan mi interacción en la oficina.

Para erradicar este vicio compulsivo y ansioso nosotros mismos tendremos que fijar límites a la conectividad virtual. Solo cuando logremos desconectarnos de nuestro computador y conectarnos con la mirada y las necesidades del que está a nuestro lado podremos empezar a escuchar. Si me detengo por un momento a concentrarme en lo que piensa y sueña, si le dedico lo mejor de mí para escucharlo, lograré relaciones más sanas y podré salir del egocentrismo (yo en el centro), para practicar el altruismo que me permite pensar en los demás (el otro-en el centro) pero para ello se requiere de un serio y doloroso ejercicio de la voluntad. Renunciar al vicio de la comunicación virtual por un rato, y dedicarle mi tiempo y energía a la comunicación interpersonal.

Nada frustra más a un empleado que entrar en la oficina de su jefe y encontrarlo tan conectado al computador que ni siquiera lo mira y, mientras escribe correos le dice, todo estresado y sin dejar de mirar la pantalla: «Sí, háblame que te estoy escuchando...» pero ni siquiera lo mira, y mucho menos lo escucha. Apenas si le presta una atención muy lejana, capta una que otra frase y luego le dice algo así como: «está bien, hablamos más tarde al respecto».

La única manera de controlar este vicio de la adicción a la comunicación virtual es si la autoregulamos con horarios y límites de tiempo.

Las redes sociales son tan extraordinarias que no es fácil desconectarse. Por eso, debemos realizar el ejercicio de la voluntad para desconectarnos sobre la base de pura auto-disciplina. Colocarle un horario a su tiempo de conectividad funciona muy bien para comunicarse con los hijos, con las personas a su alrededor, con la gente en las empresas.

Oblíguese a sí mismo a escuchar a las personas. A apagar el chat del BlackBerry para escuchar a sus hijos. A desconectar el computador a una hora específica, para estar dispuesto, con los oídos atentos, a lo que les sucede y lo que necesitan. Es el mejor «antídoto» contra el egocentrismo.

Vicio 2: aislamiento

Otro vicio que impide la escucha asertiva es el aislamiento; es decir, la persona se encierra en sí misma y no habla con nadie ni oye a nadie, porque solo quiere estar aislada y apartada con sus propios intereses. No importa en qué se concentre. Puede ser el computador, o un libro, o un partido de fútbol, incluso pueden ser las prácticas piadosas de la oración. Una persona que no escucha, se mete en su propio universo y bloquea el de los demás. Solo puede pensar en sí misma. Solo le interesa hacerse a un lado para conectarse y comenzar a digitar el teclado, para comunicarse con el infinito mundo del Google o los chats.

Este vicio cada vez se hace más evidente. La descomposición familiar y social ha producido un estado de aislamiento solitario y una actitud de escapismo tal que este vicio es cada vez más frecuente.

La adicción virtual se refleja en el escapismo que genera la comunicación digital. Aísla y produce ensimismamiento.

Analice a los usuarios de la Internet con redes sociales o con labores del día a día en su computador. Se dará cuenta de que está ante un cuadro ansioso, obsesivo y compulsivo. Con el consabido signo latente de un vicio: no es fácil parar. Entre más se aísla y se queda ensimismado en sus redes de conectividad virtual, más alimenta la persona su vicio. Entre más se conecta, más quiere estar conectado. Lo peor es que estará más desconectado de su próximo, y esto le impedirá desarrollar la habilidad de escuchar. Lo único que oirá será el teclado de su computador. O los comerciales de la televisión. O cualquier cosa que lo separe de la realidad. La suya y la de los demás.

Para erradicar este vicio, puede iniciar poco a poco la práctica de dejar de pensar en sí mismo. Desconectarse de su computador, televisor, BlackBerry no será fácil. Es un ejercicio doloroso. Tanto como una desintoxicación de excesos de harina y azúcar, para poder adelgazar. Al comienzo, sentirá que es imposible dejar a un lado el objeto de su vicio. Sin estar usando como antes su computador y estar conectado a la Internet, se sentirá absurdo, ridículo, incapaz, inútil. Incluso podrá presentar «síndromes de abstinencia» muy severos como ponerse de mal genio, incómodo, pesado y frustrado. Pero persista. Si logra darle orden a su tiempo de conectividad y priorizar la escucha a su familia en casa o a sus subalternos y compañeros en la empresa, comenzará a sentir el profundo bienestar que produce la comunicación sobria y saludable.

Escuchar implica un ejercicio de «desaislamiento» para comenzar a oír a los demás.

Tal vez al comienzo se sentirá ridículo al oír a un miembro de su equipo de trabajo contarle sus logros. O a su hija adolescente hablarle de la última salida con su novio, todo lo que le dijo, lo tierno y amoroso que es, la ropa que tenía puesta y de qué color era la rosa que le regaló. Después de varias semanas, comenzará a sentir que escuchar es la práctica más agradable y gratificante. Que vale la pena salirse un poco de sus propios problemas, de sus intereses personales, para enfocarse en los intereses de los demás. Y la única manera de lograrlo será con una herramienta muy práctica de la comunicación: escuchar.

Como todas las habilidades relacionadas con la comunicación, la de escuchar se desarrolla como si fuera un músculo. Por eso es necesario ejercitarla hasta que se convierta en una capacidad mayor.

No se logra de un día para otro. La escucha se ejercita. Implica, al principio, un entrenamiento doloroso, costoso, difícil y hasta aburrido. Pero cuando comience a ver los resultados, empezará a sentirse muy satisfecho y realizado.

Si usted es una persona de metas, si le gustan los desafíos, con todo mi respeto y cariño me atrevo a proponerle lo siguiente: ejercite la escucha y sentirá que su vida tiene mayor sentido; que sus éxitos laborales son reales.

Luego comenzará a ver el efecto en los demás. Todos le admirarán, le confiarán sus secretos y le calificarán como el mejor líder de toda la empresa, o el mejor papá, o la mejor mamá del mundo.

Pero usted y yo sabremos que el secreto ha sido saber escuchar. No se lo diga a nadie pues esa será su clave de vida, su diferencial. Tendré mucho interés en conocer su testimonio si me escribe a comunicacioninteligente@ gmail.com. Eso sería grandioso. Desde ya comienzo a disfrutar la alegría de sus resultados.

Espero que pueda escuchar mis aplausos cuando oiga que me dice: «Por fin pude dejar de ser un egocéntrico, ahora atiendo a los que me rodean, creo que aprendí a escuchar». Prometo que yo lo celebraré desde aquí con bombos y platillos. ¡Bravo, ahora sí es usted un verdadero comunicador!

Vicio 3: ser impulsivo y obsesivo

Un vicio ensordecedor y fatal que puede llegar a matar la capacidad de escucha es ser impulsivo y compulsivo para todas las tareas del día a día.

Una persona que no para su activismo excesivo, está imposibilitada para oír a quienes le rodean, porque el ruido de sus afanes no le permite escuchar nada a su alrededor.

Además, cuenta con un síndrome fatal: «No tengo tiempo». Ese es el peor escenario, porque para escuchar, además de una resuelta actitud de disposición y ganas de atender, se requiere un factor determinante: tiempo.

Si quiere desarrollar la capacidad de escuchar, primero debe salirse de «la caja» del autoengaño, de la manía de decir «no tengo tiempo», de la prisión fatal de la celeridad, que le impedirá siempre poder aquietar el ruido de sus impulsos para calmarse y dedicar tiempo a los demás.

Es común en las personas obsesivas estar tan enfocadas en sus propias obsesiones que se sienten imposibilitadas para escuchar.

Por ejemplo, si alguien tiene la obsesión de organizar los papeles en la oficina a cierta hora y entra una persona que necesita ser escuchada con extrema urgencia, el obsesivo le dice: «Es imposible en este momento, vuelve después, estoy muy ocupado».

El obsesivo no puede parar de ordenar. Le parece imposible. Y no cree que nada en la vida sea más importante que su propio orden aunque la otra persona lo necesite de verdad. Incluso si es algo que pudiera llegar a afectar sus metas de trabajo.

Otra obsesión común es la de ver y oír todos los noticieros. Eso impide por completo que los demás puedan ser atendidos y escuchados. No importa si ha oído más de tres veces al día la misma noticia, su abuso de la información no le permitirá escuchar nada que no sea noticias.

Cuando alguien le interrumpe para hacerle una pregunta o contarle algo, siempre responde: «Espera, espera que esta noticia es muy importante». Y lo deja con la palabra en la boca. Su capacidad de escuchar solo está direccionada al noticiero. Es su «televicio», su «radiovicio» o su «compuvicio» lo que le impide escuchar.

Para salir de este vicio debe hacer del oficio de escuchar parte de su agenda diaria, mensual, anual y vital. En sus planes de cada mañana y de cada tarde debe de haber siempre un espacio para escuchar a quienes le rodean. Tiene que ser un espacio prioritario.

No trate de escuchar a alguien en la mitad de sus tareas y actividades imparables. A su esposa, hijos, subalternos, compañeros. Ellos necesitan tiempo responsable para que usted los escuche.

No pretenda convencerse a sí mismo y autoengañarse con la postura de: «Dime, dime, dime que te estoy escuchando» mientras ve los goles del mundial. O contesta los 150 correos que le llegaron a la oficina. Es imposible.

Para escuchar hay que parar.

Vicio 4: padecer estrés y ansiedad

Un vicio angustioso que impide la escucha es permanecer estresado y ansioso. Aunque esté en silencio y no oiga ni noticias ni un partido de fútbol, su problema es que siempre está enredado entre la agenda, la lista de tareas, el informe del día siguiente y la cantidad de diligencias que debe cumplir.

Esta persona ansiosa y estresada está impedida para escuchar, porque su mundo está tan enredado en las ramificaciones de su sistema nervioso al borde del colapso que si alguien le habla, reacciona con agresividad, puede llegar a perder el control, gritar, ponerse furioso, tirar lejos el lápiz o comenzar a llorar, porque se siente sobrecargado y presionado a tal extremo que cualquier cosa le hace estallar en mil átomos.

La gente que rodea a este tipo de individuos prefiere no hablarles ni comentarles nada por temor a sus reacciones airadas y sobreactuadas, producto de su estrés.

Los ansiosos pueden también estar callados y hacer como que escuchan pero por dentro están pensando en el motivo de su estrés. Son los que, mientras usted les habla, muerden el lápiz, rayan de manera ansiosa el papel, mueven la pierna en un temblor permanente o arrugan la servilleta en cuadritos mientras usted trata de decirles algo. Porque por dentro, su sistema nervioso está vuelto un nudo. Y no se atreven a decirle que se calle, pero con la mirada y la actitud se lo expresan a gritos.

Para salir de este vicio, los ansiosos y estresados pueden comenzar por utilizar algunos juegos especiales para el «desestrés» como apretar con fuerza el caucho de una pelota lo que les ayudará a concentrar su atención en los demás.

Luego de concientizar su ansiedad, comience a respirar despacio y relájese para no mover la pierna, rayar la mesa o enrollar la servilleta. Elimine en forma progresiva esas prácticas de sus hábitos diarios.

Comience a convertir el ejercicio de escuchar a otros en su mejor forma de «desestresarse». Aunque al principio sea hasta un poco fingido, le aseguro que logrará volverlo su mejor costumbre. Y hasta su estilo de vida.

Encontrará con asombro que, mientras escucha a los otros, descubrirá las herramientas para controlar sus propios problemas. Sentirá que los nudos de sus nervios comenzarán a deshacerse y lo cotidiano se volverá más simple, amigable, sencillo y placentero.

Vicio 5: ser ruidoso y exagerado

No puede escuchar a nadie una persona que todo el tiempo está sumergida en el ruidoso escándalo de su propia voz. En sus euforias exageradas. En sus risas y carcajadas estrepitosas.

Cuando una persona quiere ser el centro de atracción, le cuesta mucho trabajo ESCUCHAR a los demás. Piensa que lo único que vale la pena es lo que él o ella dice. Minimiza la posibilidad de que otros se luzcan, porque en su perfil de comunicación la única opción es lucirse. Siempre hace alarde de sus hazañas, habla en voz muy alta, cuenta todas sus historias a la vez y hace de cada cuento una novela de ficción. Todo el mundo le oye con agrado, porque es fabuloso, extraordinario y fantástico. Pero su único defecto es que no escucha a nadie. Lo único que retumba es su voz estrepitosa, con el volumen más alto posible. Como logra captar la atención de todas las personas a su alrededor, no permite que nadie más participe de la charla. Es el centro de la fiesta. La verdad es que cuenta con un don superior para convencer, ser atractivo y original. Pero llega el momento en que se vuelve insoportable porque nadie más se aguanta más sus hazañas.

Para tratar este vicio, es necesario ante todo que la persona se concientice y reconozca que su exceso de euforia, su voz ruidosa y sus exagerados ademanes son un vicio con el que se hace daño a sí misma y aturde a los demás. Luego debe comenzar por bajar el volumen en forma paulatina pasando de un volumen de 150 a uno de 100, luego a uno de 80 hasta que logre bajarlo a 50. No será tarea fácil, pero sí es posible.

Lo que primero necesita es convencerse de la necesidad de lograrlo. Luego, comenzar a controlar su lengua al punto de refrenarla y obligarla a que se quede callada para que los demás hablen, opinen, intervengan aunque no lo hagan igual que usted, ni le parezcan tan divertidos.

Entonces estará listo para el nivel más alto: comenzará a escuchar de verdad. Empezará a fascinarse con las hazañas de otros. Se divertirá con sus cuentos. Sucederá algo delicioso: podrá descansar de usted mismo y dejará que los demás descansen de usted. Y disfrutará la maravillosa dimensión altruista de escuchar a los demás, por encima de usted mismo.

Todo esto le traerá mejores resultados. La gente comenzará a verlo con agrado. Lo recibirán en todas las reuniones como una persona mesurada, aplomada, controlada, que sabe escuchar y permite a los demás expresarse.

Para lograrlo, le invito a que se proponga lo siguiente: *haré de la escucha mi mejor hazaña. Seré el centro de todas las reuniones al escuchar y las personas me apreciarán más si escucho que si hablo.*

Cállese y escuche. Verá los resultados.

Vicio 6: ser distraído y ausente

Otro vicio en contra de la escucha es estar siempre distraído en sus análisis e investigaciones tan detalladas que lo lleven al extremo del caso anterior. En esta situación el vicio es guardar silencio total y absoluto, pero con una postura distraída. Como si se estuviera ausente. Pero no es un silencio para escuchar, sino más bien para meterse en sus complejos y complicados discursos interiores, que lo tornan ausente aunque esté presente.

Siempre está pensando en otra cosa. Como ido. Como distraído. Tiene tantas cosas en su cabeza y en el corazón, que no le permiten escuchar las cosas que otros quieren mencionar.

Este tipo de personas son de las que se dice que son «como de otro planeta». Viven en la luna. Y desde allá tan lejos les queda imposible alcanzar a escuchar a nadie.

Solo se escuchan a ellos mismos y a sus brillantes ideas que se entrelazan, se confunden, suben, bajan y les imposibilitan darse el espacio para estar presentes y atender a los otros.

Para tratar este vicio, las personas distraídas en su intelecto, en sus logaritmos matemáticos o en su ingenio físico, necesitan aterrizar un poco a la realidad de los mortales normales y comenzar a conectarse en comunicación con ellos, desde la escucha.

Su inteligencia centrada y superior los hace un poco genios distantes. Son las personas que, cuando alguien les reclama diciéndoles: «No me estás prestando atención», responden: «Claro que sí te estoy atendiendo». Y es verdad, oyen, pero no escuchan; es decir, no atienden a nadie porque consideran que todo lo demás es irrelevante y medio absurdo. Cualquier cosa que se salga del planeta de sus ideas elevadas, les parece inútil y hasta cursi. Las personas que están a su alrededor se sienten un poco intimidadas por ellos, porque los perciben como genios ocupados, inalcanzables e inaccesibles, a los que lo mejor es dejar quietos, para no interrumpir los sonidos mudos y los oídos sordos de su propia genialidad.

Para eliminar este vicio, las personas con exceso de introversión necesitan comenzar a disfrutar las intervenciones sencillas y no tan elevadas de quienes les rodean.

Cuando alguien les hable de algo o les presente una idea, deben ejercitar su capacidad de atención, y no dejarse distraer por sus propias ideas o su imaginación.

Si logran prestar atención, seguro que las personas que los rodean ganarán, porque por ser tan analíticos, les podrán dar al final unas sugerencias y consejos sabios, que agregarán valor a la vida de quienes les rodean.

Deben ejercitar el valor de lo simple en cada cosa que escuchan de sus hijos, de sus compañeros de labores, de la gente en la calle. Bajar al nivel más sencillo y «descomplicar» la comunicación, para comenzar a disfrutarla y volverse más presentes con los demás.

El peor hábito de la escucha

Para que se genere un vicio en la escucha es necesario que se haya formado una serie de malos hábitos a nivel de comunicación. Entre los malos hábitos verbales y no verbales, el considerado peor de todos es no mirar a la persona mientras le habla.

En la comunicación no verbal: mirada distraída

El hábito no verbal más usual en la falta de escucha y el más desesperante para quien intenta ser atendido es el de no mirar a las personas cuando nos hablan. Comenzar a desviar la mirada, y mostrarse distraído, mientras se mueve en forma inquieta de un lado para el otro de la silla.

También asumir posturas de aburrimiento como recostar la cabeza en las manos, «escurrirse» en la silla, dejar caer el cuerpo hacia un lado como si quisiera dormirse, cruzarse de brazos o llevar las manos al bolsillo todo el tiempo.

En la comunicación verbal: la tendencia a evaluarlo todo

En este caso, la persona se muestra tan «activa» en la escucha que no puede escuchar. Su tendencia es criticarlo casi todo, y emitir juicios o brindar consejos que no se le han pedido.

La persona con este mal hábito de escucha casi siempre busca la forma de contar su testimonio para ejemplificar e ilustrar lo que el otro trata de decirle.

Lanza preguntas permanentes, se muestra demasiado curioso por todo y pregunta por qué a cada rato, con el ánimo de luego lanzar su juicio o interpretación de los hechos.

Escucha y comunicación asertiva

Aunque la asertividad es un concepto más relacionado con la expresión oral, podemos decir aquí que una persona con la habilidad de ser asertiva debe manejar el balance adecuado entre saberse expresar y saber escuchar.

Es decir, que la escucha es parte de las habilidades comunicacionales que conllevan al alto nivel de asertividad. Porque una persona asertiva mantiene el balance entre lo agresivo y lo pasivo de sus expresiones.

Y nada muestra más el balance de la comunicación en una persona que su capacidad de guardar silencio y escuchar con interés y en forma dinámica.

Una persona asertiva escucha con atención todas las señales de la comunicación a su alrededor para luego afirmar en forma enfática sí o no. Pero sin escuchar es imposible emitir un buen juicio con criterio.

Sin duda, el éxito social se basa en las buenas relaciones. Nada podemos hacer aislados. Las buenas relaciones se apoyan en una comunicación efectiva que no consiste solamente en saber expresarse, sino en escuchar de manera adecuada.

Cada persona necesita ser escuchada. Todos queremos expresarnos, ser atendidos y recibir reconocimiento.

Al sentirse escuchadas, las personas se relajan, se abren y se sienten libres para mostrar su mundo interior, sus creencias y valores.

Para escuchar sin interrumpir se requiere paciencia. Solo así la otra persona hablará tranquila y se sentirá capaz de escoger sus palabras al hablar. Sin presiones.

Entre las actitudes negativas más comunes que impiden escuchar están:

- Prestar poca atención cuando nos hablan.
- Interrumpir la conversación varias veces.
- Reaccionar de manera iracunda ante cualquier desacuerdo.
- Insistir en asuntos sensibles que causan polémica.
- Sesgar la conversación solo hacia nuestros intereses.

- Ignorar las necesidades e intereses del otro.
- Manifestar apatía y aburrimiento con gestos de desánimo.
- Criticar todo lo que dice, con un tono de voz áspero y negativo.
- Rechazar las opiniones contrarias a las nuestras.
- No aceptar las formas de ser y pensar diferentes a las nuestras.

Hasta los negocios más importantes se pueden perder por falta de procesos tranquilos de escucha, que permitan al otro mostrar sus intereses.

Los mejores negocios se logran a partir de la escucha dinámica de ambas partes. Escuchar es gran parte de la habilidad de negociación.

En general, las relaciones están sujetas a la capacidad de escucha. No se puede tener una relación de primera con una escucha de segunda.

Algunos factores clave para lograr procesos auténticos de escucha:

- Concientizar el valor de la escucha para el éxito personal.
- Saber conversar de manera consciente sin ignorar al otro.
- Desarrollar el autocontrol y la inteligencia emocional.
- No hablar más de lo necesario.

- Evitar interrumpir, desmentir o argumentar.
- Analizar las emociones del otro, para definir sus conductas.
- Tratar de mantener la mirada en el otro, sin amedrentarlo.
- Dar retroalimentación, con respuestas cortas como «entiendo», «claro», «seguro», «así es», etc.
- Asentir y mostrar interés con ademanes como mover la cabeza o hacer gestos de afirmación.
- Realizar preguntas poderosas sobre lo escuchado.
- No permitir interrupciones, sino dar atención de calidad.
- Estimular la conversación sincera que permite conocer la verdadera intención del otro.

Escuchar para llegar a la meta

Escuchar es una virtud que nos permite llegar a la meta con una comunicación inteligente. Por eso, utilizaremos este acróstico con la palabra META, como sistema nemotécnico que permita recordar la importancia de la escucha como un camino seguro para alcanzar los propósitos trazados. La META de la escucha es, entonces:

- Maximizar las oportunidades.
- Equivocarnos menos.
- Tomar decisiones inteligentes
- Amar más a los demás.

CAPÍTULO 2

CINCO DETECTORES DE LA ESCUCHA EMPÁTICA

UN BUEN COMUNICADOR DE LA ESCUCHA NO BUSCA VERSE INTERESANTE con su magnífica expresión oral, sino mostrarse interesado por lo que el otro dice. Solo puede decirse que una persona sabe tener una escucha activa cuando puede atender de manera intencionada, con evidencias de comprender y ser empático (ponerse en el lugar del prójimo).

No basta con oírlas, es necesario escuchar a las personas y, lo más importante, conocer la diferencia entre oír y escuchar.

Dentro de la escucha existen diferentes niveles de acuerdo con la calidad de la atención prestada. En eso radica todo: en atender al otro.

Puedo oír a alguien cuando me habla, pero no escuchar sus intenciones, afectos, simpatías, disgustos, dolores, proyectos, informes, resultados. Esto quiere decir que al oír, solo estamos recibiendo, por el sentido físico natural de la audición, los sonidos y el ruido que viene del otro. Pero al escuchar, estamos sintonizándonos con la persona, conectándonos con sus pensamientos y sentimientos.

Es más, cuando escuchamos, estamos demostrando la actitud de nuestro corazón; el verdadero talante de un líder interesado en el proyecto de grupo. No solo en nosotros mismos.

Cuando hablamos de servicio al cliente, no debemos olvidar que clientes son todos los que nos necesitan: externos e internos. Son los compañeros de trabajo, los amigos de la empresa y hasta la familia.

Una manera de medir si la persona me atiende o no, es con el nivel de dinamismo que le aplique a su escucha.

Para que la escucha se pueda llamar dinámica, es necesario que intervengan varios factores determinantes en el proceso. Estos son los cinco detectores de la escucha dinámica:

1. Atención total

Sin distracciones de computadores, periódicos, televisión, teléfono o cualquier otro aparato ruidoso.

Sin el ruido de mis propios pensamientos que me alejan de lo que dice la persona que necesita ser atendida y me dice a gritos: ¡escúchame!

Si comienzo a hacer cualquier otra cosa, mientras la persona me habla, eso no es escuchar; sin embargo, me autoengaño y le digo: «Habla, que te estoy escuchando», mientras juego Nintendo, o contesto los correos electrónicos o veo una película o le cambio el agua a las flores.

Para escuchar necesito ejercitar la capacidad de concentrarme en lo que me dice el otro. Así como para escribir es necesaria la concentración en el texto. O para hablar se requiere la atención al público.

Olvídelo. Es imposible escuchar sin atender. Quien diga que puede está mintiendo. Aun cuando tenga las mejores intenciones de terminar un trabajo importante y al mismo tiempo atender a las personas. No se puede.

2. Actitud de interés

Además de la postura exterior, para escuchar de verdad es necesaria una actitud interior firme y resuelta de interés hacia lo que oigo.

La actitud debe indicar que tengo ganas de atender. El entusiasmo por recibir lo que el otro me dice es el detector para saber si de verdad me quiere escuchar.

Después de años de maduración en este tema, hoy le puedo decir que si veo que una persona no muestra interés por lo que digo, prefiero no seguir en el desgaste de comunicarle algo porque sé que voy a perder el tiempo. Cada año que pasa entiendo más que el tiempo vale mucho. Prefiero decirle: «Avíseme cuando tenga un tiempo de modo que podamos tomar un café y conversar para que así me pueda escuchar. Entiendo que está muy ocupado y no quiero interferir en sus asuntos».

Por años yo luché con la necesidad de ser escuchada llegando al colmo de perseguir a una persona por el corredor para que prestara atención a mis razones.

Es absurdo. Si la persona está distraída, ensimismada, apartada, desconectada, sus oídos estarán cerrados a toda la retahíla de ideas agolpadas que salen a borbotones de su boca y que parecen gritar con angustia: ¡escúcheme!

Puede costar años entender que para ser escuchado se necesita el interés del otro. No basta con dejar fluir todos sus pensamientos y sentimientos como un volcán en erupción.

Una sugerencia: la mejor forma de descansar el alma y el espíritu, y sentirse de verdad atendido es ser escuchado por Dios cada mañana. Sus oídos siempre están atentos. Luego, intente escucharlo a Él. Sentirá que está lleno y no necesitará buscar que lo entiendan a medias y a la fuerza.

Entonces saldrá al mundo con la convicción de que todo está bajo control. Se lo garantizo. Es la escucha infalible.

El paso a seguir es comenzar a ocuparse en detectar con inteligencia cuando alguien está de verdad interesado en escuchar lo que dice.

Si ya está claro que el espacio está dispuesto, comuníquele todas sus interesantes ideas y relate sus buenas historias. Si no, prefiera callar. Y será más feliz.

Ejercite el difícil entrenamiento de callar. Cuesta años de ensayo y errores. Pero no desperdicie su capacidad de comunicación con personas que no le van a escuchar.

Recuerde la sabiduría proverbial: «Uno es dueño de sus silencios y esclavo de sus palabras».

Es preferible que escuchen su silencio a que ignoren sus palabras.

Y como la regla de oro de la empatía es tratar a los otros como quisiéramos ser tratados, comience a escuchar a las personas como a usted le gustaría que lo escucharan. Elimine de sus códigos de comportamiento el ignorar a los demás. Abra espacios inteligentes y responsables para escuchar a quienes le rodean.

No es necesario que interrumpa sus mejores momentos de esparcimiento o de trabajo para escuchar. Solo disponga de su tiempo responsablemente para lograrlo y muestre en esos minutos y horas de escucha todo el interés posible por las personas. Créame: lo admirarán y amarán.

3. Mirada atenta

Se puede saber a través de la mirada qué tan interesada está una persona en lo que usted dice.

Por eso no debe estar escurrido en la silla o mirando para otro lado, sino que debe colocarse en posición de alerta inmediata, como listo para atender y ejercer acciones efectivas.

La mirada atenta es definitiva para un proceso de escucha. Casi que podríamos decir que a uno lo escuchan, o uno escucha, con la mirada. Es en el proceso de atención donde, más allá de la audición, comienzan a funcionar todos los sentidos.

Si alguien dice que es capaz de atender a otro en una conversación interpersonal, sin mirarlo, está equivocado. Es solo una disculpa para continuar mirando para otro lado y no darle a la persona la atención plena que merece.

Es tan importante la mirada en la escucha que si alguien está en medio de una charla con otra persona y esta comienza a distraerse y a mirar a la gente que pasa, o a la pareja de al lado, o mira de reojo los papeles acumulados sobre el escritorio, el nivel de la comunicación ha comenzado a descender en picada.

Mirar con atención a las personas mientras hablan implica un nivel alto de conexión. Comienzan a sentirse casi que «escaneadas», comprendidas y, lo más importante, valoradas.

La persona que mira a los ojos cuando habla con otra, genera mucha confianza, de la misma manera que la que no lo hace, sino que evade la mirada y comienza a dirigir la vista para todos lados genera desconfianza e inseguridad.

Las mujeres en especial, cuando hablamos, exigimos mucha atención. De verdad necesitamos ser escuchadas pero, infortunadamente, la mayoría de los hombres no lo entienden; por eso se distraen mirando el partido de fútbol, los juegos de videos, el periódico... lo que sea. La mujer, ante esa reacción de su interlocutor, se siente decepcionada y ofendida porque quiere toda la atención cuando habla aunque se trate del tema más sencillo.

Pero esta exigencia no se debe a un simple capricho femenino. También a los hombres les importa que se les atienda; de lo contrario, se sentirán rechazados y subvalorados lo cual pude empezar a generar un distanciamiento progresivo en la comunicación.

Si de verdad nos interesa ser empáticos, subir el nivel de la escucha y que los resultados de la comunicación sean efectivos, tenemos que escuchar con la mirada. Porque a través de la mirada podremos escuchar mucho mejor lo que nos quiere decir la otra persona, Y, además, podremos interpretar su comunicación no verbal, que muchas veces habla más fuerte que las palabras.

4. Respuesta con energía

Para demostrar que está escuchando, debe dar respuestas con la cabeza, la sonrisa, la mirada o con algún gesto de expresión oral que permita a quien le habla saber si está interesante o no lo que usted le dice.

La energía que usted le imprima a la dinámica de escuchar hará que la persona se sienta de verdad entendida y valorada; pero, si por el contrario, en medio de la conversación la actitud de quien escucha es de desánimo, desinterés, distracción, pereza, apatía... pues por más que intente convencer a quien habla de que sí está interesado, jamás lo creerá. Uno escucha con la actitud.

La respuesta positiva, llena de pasión y de energía que usted le dé a la persona que escucha, la llevará a dar mucho más de ella misma en el proceso de comunicación.

Por eso cuando le hablen, disponga cada fibra, cada músculo, cada pedazo de su ser para escuchar. De esa manera, aunque usted no diga nada, la comunicación será muy interactiva.

Si se trata de una conferencia, tome apuntes. Si es una reunión de comité, haga preguntas inteligentes, y diga que sí con la cabeza cuando el otro le hable y necesite su interacción personal.

Muestre interés. Desarrolle todo su interés cuando se trata de escuchar. El interés es un «músculo» que va a tener que empezar a desarrollar, porque hasta ahora probablemente ha estado muy debilitado. Necesita trabajarlo a punta de ejercicios de escucha dinámica. ¡Escuche con todo!

5. Preguntas inteligentes

La escucha dinámica sabe analizar y espera el momento oportuno para lanzar preguntas inteligentes que agreguen valor a la conversación, que lleven al orador a lucirse.

Después de escuchar, mirar, interpretar, asentir con la cabeza y ponerle toda su energía a la actitud, lo que sigue es que usted realice preguntas inteligentes para dar retroalimentación permanente a la charla.

Las preguntas pueden ser la fórmula perfecta para concluir una reunión y lograr acuerdos, compromisos, tareas, etc.

Con preguntas bien hechas usted puede además dejar claros los puntos que más le interesa resaltar de la presentación. De esta manera, podrá saber si entendió bien y concretar todos los puntos uno por uno.

Empatía: «Ponerse en los zapatos del otro»

Empatía es la capacidad de reconocer las necesidades, sentimientos, actitudes y circunstancias que afectan a las personas a nuestro alrededor. Es la habilidad de ponernos en el lugar de los demás e identificarnos con sus sentimientos más allá de lo emocional. Porque no depende de si queremos o no. La empatía es un valor que se vive independientemente de los estados de ánimo o deseos interiores que por lo general son variables.

La empatía implica generosidad y comprensión. Olvidarnos de nosotros mismos y considerar los asuntos de los demás. Detenernos a pensar un poco en los seres que nos rodean, con los que por lo general pasamos mucho tiempo juntos, pero con poca comunicación.

La empatía es una habilidad fundamental de la comunicación interpersonal. Permite la comprensión de las personas. Por eso es determinante para captar la profundidad del mensaje del otro. Solo de esa manera se podrá establecer un diálogo. De lo contrario, su conversación será solo un monólogo. O un soliloquio absurdo.

La capacidad de escuchar para comprender los pensamientos y sentimientos de otros produce la llamada «simpatía», amigable, cálida y afectuosa.

Por eso, la empatía es un elemento clave para detectar la llamada inteligencia emocional de una persona. Su capacidad de autorregulación para el dominio de la comunicación en el día a día. Para responder al otro, o reaccionar de manera positiva. La empatía garantiza el éxito de las relaciones interpersonales; es esa habilidad que nos permite ser sensibles y conscientes ante las señales de los sentimientos de quienes nos rodean. Ser empáticos nos capacita para leer las emociones de los individuos a nuestro alrededor.

Si logramos emplearla con efectividad, la empatía nos ayudará a perfeccionar todas las relaciones. El detectar los sentimientos y necesidades del prójimo puede convertirse en nuestro «sensor» social.

Por esa razón, la empatía es una herramienta para promover valores como el respeto, el trabajo en equipo o la asertividad del liderazgo. Motiva la calidez y, lo más importante, disminuye la falta de escucha.

La incapacidad de desarrollar una comunicación empática se evidencia en la falta de escucha a las emociones del otro; se plantea como una falla en la capacidad para interpretar sus necesidades.

La empatía se convierte en una especie de GPS que nos guía hasta llevarnos al punto exacto de las relaciones exitosas. Sin el GPS, lo más seguro es que tengamos que devolvernos para «recalcular» el rumbo.

Por lo general, pensamos que conocemos bien las necesidades del otro. Pero la verdad es que sabemos muy poco acerca de ellas porque no nos preocupamos por profundizarlas más.

Una forma perfecta de escuchar de manera empática es distinguiendo no solo los sonidos audibles y verbales, sino interpretando la comunicación no verbal, que a veces habla mucho más fuerte que la verbal. Los gestos, las expresiones y ademanes, la postura, el tono, el volumen de la voz, la conexión con la mirada todo cuenta si de verdad queremos escuchar. A veces, hasta el mismo silencio nos puede hablar más fuerte que las palabras. Pero debemos aprender a concienciar y a interpretar esta forma. A veces, pequeñas señales nos pueden decir mucho más que todo el ruido del mundo. Pueden ser señales aparentemente insignificantes pero la empatía nos permite detectarlas y valorarlas en forma sensible.

Características de los empáticos

Las personas empáticas permiten la retroalimentación de los demás; no ignoran las señales que ellos les envían con cada cosa que dicen, o que no dicen. Lo que más les importa son las relaciones. Por eso, son muy sensibles a detectar cualquier cosa que pueda ponerlas en riesgo.

Son capaces de mantener en balance aun los desacuerdos con el otro, pues su capacidad de escucha incluye permitir las pluralidades y el equilibrio para aceptar las diferentes opiniones sin que necesariamente las suyas tengan que verse afectadas.

La sensibilidad hacia las necesidades y sentimientos de los demás, les permite reflexionar sobre sus propias emociones y actitudes personales. Viven en un continuo proceso de mejoramiento personal porque al escuchar las necesidades del prójimo, se motivan a cambiar aquello que puede afectar a los demás y dañar las relaciones interpersonales.

Comunicación no verbal

Es la parte del mensaje que se transmite a través de gestos, expresiones y movimientos corporales. El significado varía según la cultura, etnia o grupo social.

Características de la comunicación no verbal:

- Ocurre de forma continua.
- Puede utilizar más de un canal a la vez.
- Es ambigua.
- Se manifiesta de modo consciente e inconsciente.
- Es reconocida por personas de otras culturas.
- Desempeña una función limitada.

Funciones de la comunicación no verbal:

- Complementa la comunicación oral o escrita.
- Sustituye el lenguaje verbal.

- Contradice el lenguaje verbal.
- Regula el flujo de la conversación.

La atención se dificulta porque...

- Nos concentramos en algún problema, asunto pendiente o recuerdo.
- Oímos las palabras pero no comprendemos el mensaje.
- Comprendemos momentáneamente el asunto escuchado.
- Presumimos que ya sabemos todo lo que se va a decir.

CAPÍTULO 3

PRINCIPIOS Y VALORES: CINCO PRINCIPIOS DEL QUE SABE ESCUCHAR

1. Sensibilidad

Uno de los principios fundamentales para el desarrollo de la habilidad de escuchar es ser sensible, perceptible a lo que el otro le quiere decir, no solo con su comunicación hablada, sino también con su mensaje no verbal.

La sensibilidad es un principio básico para lograr un alto nivel de escucha, más allá del ruido de las palabras.

He realizado campañas globales de sensibilización en los medios de comunicación acerca de temas como la niñez desplazada en mi país. También he realizado programas de sensibilización interna a nivel organizacional para alinear los valores corporativos con los personales en cada funcionario de las empresas del sector financiero. Y mi gran conclusión en todos estos procesos es que no puede haber sensibilización si no enseñamos primero la habilidad comunicacional de escuchar.

Una persona sensible es alguien que sabe escuchar, que permanece con las antenas orientadas hacia las señales de quienes le rodean. Unas antenas que, además, son altamente sensibles a cualquier sonido externo.

Esa sensibilidad le ayuda a interpretar lo que sucede a su alrededor y a actuar a favor de los otros.

La sensibilidad es un principio que lleva a la acción a favor de los demás. De la entidad. De la familia. De la comunidad.

Al ser sensible a las necesidades de los otros, el sentido de la escucha se agudiza al punto que es posible percibir aún mucho más allá de su propia zona de confort e ir en busca de soluciones para resolver y satisfacer las necesidades de quienes le rodean.

2. Respeto

Para escuchar es necesario practicar el principio del respeto mutuo como un principio de vida. Si enseñamos a los hijos a respetar, les estamos dando las herramientas para practicar el principio de la escucha.

Antes de entrar a un lugar donde hay un grupo de personas reunidas y antes de involucrarme en la conversación o lanzar comentarios, debo afinar el oído para escuchar en qué se encuentran ellos. Eso es respeto.

Cuando un hijo, uno de los miembros de la pareja o alguna persona de la compañía comienza a hablar, en vez de interrumpirla, debo practicar el principio del respeto y permitirle que exponga todas sus ideas. Solo cuando vea que ha concluido, entonces puedo iniciar las mías. Eso es respeto. No obstante, para lograrlo es necesario que antes aprenda el valor de escuchar.

Por eso, puedo asegurar que escucha y respeto van de la mano.

Si respeto los sentimientos de la otra persona puedo escuchar lo que me dice su corazón. De esa manera las relaciones sentimentales pueden prosperar. De lo contrario será imposible cultivar una amistad y es muy probable que la relación termine estropeándose.

Recuerdo que, en cuanto a las relaciones de pareja, mi abuela decía que cuando se pierde el respeto, se pierde todo. Creo que tenía toda la razón. Y estoy segura que lo primero que se pierde, al perderse el respeto, es la capacidad de escuchar al otro.

Sea la pareja o el jefe, sea un amigo o un enemigo, la necesidad de ejercitar el principio del respeto fundamentado en la habilidad comunicacional de escuchar, es de verdad urgente.

Respetar es escuchar. Y cuando escucho, respeto.

3. Entrega

No obstante, más allá del principio fundamental y universal del respeto, el asunto de la escucha implica un ejercicio mayor. Implica la entrega al otro.

Cuando trato de escuchar a los otros, les estoy entregando algo más de mí. Les estoy entregando mi tiempo, mi silencio, mis ganas de hablar en forma desbordada, mi interés, mi capacidad de ser sensible a sus necesidades.

Quien escucha desarrolla la vocación casi sagrada de entregarse a la causa del otro. Escuchar tiene que ver con amar, con dar de sí mismo, con dejar de pensar en el beneficio que se puede obtener y comenzar a pensar en el otro para darle lo mejor de uno mismo. Por eso creo que escuchar es uno de los actos más sensibles que tiene el proceso de la comunicación, porque implica la entrega de uno mismo a los demás. La disposición para atender.

4. Valoración

Sin embargo, para lograr respetar y entregarse a los demás para escucharlos, debemos profundizar en un valor aún más alto: la valoración del otro individuo. Porque si no logro valorar al otro, ¿cómo lo voy a escuchar?

Por eso es tan importante enseñar a las personas la habilidad que se conoce como la valoración del individuo.

Con nuestra empresa PRESS IN Comunicación Inteligente desarrollamos un programa especial de capacitación llamado así: «Valoración del individuo».

La genuina valoración implica conocer la necesidad de:

- Ser entendido
- Sentirse importante
- Ser tenido en cuenta

Es valorar a las personas más allá de considerarlas un mero recurso humano, una pieza de producción. Solo así podremos desarrollar la habilidad de escucharlos.

5. Prudencia

Aquí debemos aclarar algo. Escuchar no implica quedarnos callados y no volver a opinar. La persona que sabe escuchar, maneja el principio de la prudencia. Con el equilibrio que da la asertividad, sabe muy bien cuándo callar y cuándo hablar.

La escucha dinámica no implica, por otra parte, sostener una paternidad falsa con la persona a quien escucho, que me obligue a comprometer principios de calidad de los procesos, solo por agradarlo y consentirlo en todo lo que se le ocurra. Con esto quiero decir que, si bien debo practicar la escucha con mucha empatía y sentido de altruismo, también debo tener en cuenta que es necesario fijar los límites. Porque la valoración del individuo también incluye como respuesta:

- Lograr una confrontación sana.
- Decir no a las cosas que podrían afectar a otros.
- Desarrollar la cultura de «te aprecio mucho, pero no puedo decirte que sí a todo».
- Desarrollar disciplina con las respuestas al equipo o la familia, para conseguir equilibrio en la comunicación.
- Estar dispuesto a «negociar» algunas propuestas, pero jamás los valores.

CAPÍTULO 4

CÓMO MEJORAR LA HABILIDAD DE ESCUCHAR

PARA SER UN MEJOR COMUNICADOR, CON UNA ESCUCHA DINÁMICA Y empática, le presento tres claves prácticas y sencillas que funcionan muy bien en el momento de la comunicación interpersonal o grupal:

Clave 1: «Audífonos» imaginarios, de alta fidelidad

Así como para aprender a hablar en público y hacer presentaciones de alto impacto es necesario practicar en escenarios, y para llegar a ser un escritor hay que sentarse a leer y a escribir durante horas, también para aprender a escuchar es necesario sentarse a escuchar como ejercicio práctico, físico, emocional e intelectual.

Una de las claves más efectivas para escuchar a una persona es la de utilizar unos «audífonos» imaginarios gigantes.

Imagínese que usted se encuentra frente al televisor o al computador, muy interesado en lo que está viendo o escribiendo. De repente, entra su esposa o su hijo y comienza a hacerle preguntas acerca de algo muy importante para ella o él, pero que a usted le parece trivial, casi que ridículo. Su tendencia es a seguir en lo que está, sin prestar atención a lo que le dicen ellos. O presta atención, pero no lo suficiente. Por eso es muy útil esta clave de los «audífonos» imaginarios. Deberá ponérselos en el momento en que ellos comiencen a hablarle. Para hacerlo, deberá primero desconectarse de su televisor o su computador. Y realizar el ejercicio contra su voluntad de «conectarse» a lo que su esposa o su hijo le van a decir.

Dirija la mirada hacia él o ella, concentre toda su atención y luego imagínese que tiene puestos los «audífonos» que le permitirán no solo escuchar lo que tengan que decirle, sino que podrá atenderlos de manera exclusiva y con mucha fidelidad.

El ejercicio implica que usted deje de escuchar todo lo demás a su alrededor y solo atienda a lo que ellos le dicen, como si fuera un sonido amplificado.

Por lo general, el problema consiste en que al escuchar a las personas, aun a las más cercanas a nosotros, las oímos como si estuvieran muy lejos, con los oídos un poco adormecidos y embotados, porque no queremos desarrollar el ejercicio fundamental de prestar toda la atención, sino continuar en lo que estamos. Para los hombres, este ejercicio es mucho más difícil porque solo cuentan con la posibilidad de escuchar una cosa a la vez. En cambio las mujeres podemos atender varios asuntos al mismo tiempo. Por eso, los señores deberán conseguir unos «audífonos» imaginarios aún más potentes porque solo de esa manera les será posible conseguir lo que para las esposas y los hijos y todas las personas en su oficina o en su negocio es lo más importante en esta vida: ser escuchados.

Para seguir con el ejemplo, si su hijo entra en este momento y comienza a pedirle ayuda para su tarea del colegio o de la universidad, no le diga: «Espérate un momento que estoy ocupado con este partido de golf». ¡No!

Recuerde los tres pasos de esta clave número uno de la escucha:

1. Desconéctese de todo a lo que esté conectado en ese momento aunque le cueste demasiado. Recuerde: este es un ejercicio y le va a doler. Por lo menos hasta que ejercite lo suficiente el músculo de la escucha.
2. Póngase los «audífonos» imaginarios para escuchar con alta fidelidad lo que le dice la persona que tiene al frente.
3. Comience a interesarse por lo que le dicen. Aunque al principio le parecerá difícil, continúe

el ejercicio. Es cuestión de autodisciplina personal. Hasta que termine por volverse parte de su estilo de vida.

El resultado será impresionante. Cambio extremo a sus relaciones interpersonales y laborales.

Le regalo para la vida estos finos y costosos «audífonos» imaginarios de alta fidelidad. Llévelos a donde quiera que vaya y no olvide colocárselos para todas sus comunicaciones. Ya verá que al volverlos parte de su día a día será tan extraordinario el resultado que ya no querrá andar sin ellos porque se convertirán en su herramienta debida... ¡de vida!

Clave 2: apunte en su agenda, como prioridad, la tarea de escuchar

Para que este ejercicio de aprender a escuchar sea real y práctico, otra clave que funciona de maravilla es comenzar a volverlo parte de su día a día. Y anotarlo en su agenda como una de las actividades a las que quiere darle la mayor prioridad.

Imagínese que en su agenda existiera cada día una tarea a una hora definida que dijera algo así como: 9:00 a.m.; escuchar a Fernando Suárez, mi asistente. Y que le dé a esa tarea por lo menos quince minutos, una vez a la semana. Le garantizo que su asistente comenzará a volverse mucho más eficiente, efectivo y eficaz, porque se sentirá escuchado.

Luego, en la tarde: 7:00 p.m.; escuchar a mi hija Paola. Así, usted sabrá que —si de verdad es parte de sus metas del día— llegará a escuchar a su hija por encima de cualquier otra tarea o deleite que se le ocurra. Y para que sea de verdad una tarea cumplida, ni siquiera se siente a cenar, o a ver el noticiero, sin antes haber hablado con ella. No se imagina lo que va a empezar a suceder en las relaciones interpersonales con su asistente, su hija, su jefe y todas las personas que le rodean, si logra convertir el ejercicio de escuchar en una obligación cotidiana, tan importante o mucho más que la de pagar los servicios del agua y el teléfono, o la de mandar a lavar el carro. Le aseguro que al volverlo parte de su agenda, usted se obligará a lograr que el escuchar se traduzca en tiempo cronograma. Solo así lo podrá conseguir. Porque, por lo general, la excusa que todos tenemos para no escuchar es que no tenemos tiempo. Pero, la verdad es que sí tenemos tiempo para escuchar. Pero no lo hemos priorizado. Por eso necesitamos primero concientizar la importancia de lograrlo y luego, convertirlo en el tiempo de prioridad de sus cosas importantes de cada día. Tiempo de agenda. Si usted está equipado con lo nuevo en comunicación, escríbalo en su BlackBerry o en su iPad y deje que le suene la alarma para avisarle quince minutos antes en la mañana: «Escuchar a Fernando». Y, en la tarde: «Escuchar a Paola»

Como me gustaría estar allí, para celebrar con usted. Por favor escríbame y hábleme de los resultados: comunicacioninteligente@gmail.com. Le prometo que lo contaré como testimonio en mi próximo libro o en mi blog.

Clave 3: juegue a los «castigos y premios» por escuchar

Una forma de conseguir que las dos claves anteriores, la de los «audífonos» imaginarios de alta fidelidad y la agenda de escuchar sean reales y no fallen es la de aplicar la tercera clave: «castigos y premios» por escuchar.

Esta clave parece muy sencilla, pero al comienzo no será fácil. Por eso es necesario que se nos convierta en un juego divertido y en una dinámica lúdica, que nos permita disfrutarlo al máximo. Por ejemplo, si en el momento en que entra su esposa usted logra desconectarse de su partido de golf en la TV, se coloca los «audífonos» y comienza a escucharla con mucho interés y fidelidad, entonces debe darse un premio especial. Por ejemplo, ir a cenar al sitio que más le gusta.

Si en la clave de la agenda de escuchar usted cumplió con la cita de: «7:00: Escuchar a Paola» entonces podrá ver dos jornadas de golf en ESPN como premio. ¡Buenísimo!

Pero supongamos que en ambos casos, o en alguno de los dos, usted pierde, entonces se impondrá un castigo voluntario. Por ejemplo: no ver el partido de golf de mañana y dedicarle treinta minutos más a escuchar a su esposa. O no salir a cenar este fin de semana al sitio favorito, sino cocinar en la casa y lavar toda la loza de la cena.

Bueno, pues esos son solo unos ejemplos. La verdad es que los premios y castigos se deben aplicar por usted mismo, de acuerdo con las actividades que más le gusten para los premios, y que más le disgusten para los castigos. Solo usted sabe cuáles son las cosas que con honestidad y completa sinceridad le llevarán a automotivarse para lograr que el ejercicio de escuchar se convierta en un juego divertido.

Si le parece bien, involucre en el juego a las personas que le rodean. Cuénteles que está en esa dinámica y vuélvalos parte de ella. Pídales que ellos mismos le apliquen las penitencias cuando pierda. ¡Y claro! También los premios cuando gane. Por supuesto, usted será el héroe en el juego de escuchar.

Las tres claves le servirán no solo para recordar y aplicar el ejercicio de escuchar, sino para llegar a interiorizar a tal nivel la importancia y la necesidad de lograrlo, que se convertirá en una parte imprescindible de su vida. En un sentido que se desarrollará cada vez con más éxito. En una habilidad de su comunicación que nunca dejará de desarrollar. Escúcheme bien.

CAPÍTULO 5

ESCUCHA ACTIVA Y DINÁMICA

Métodos efectivos para saber escuchar

La escucha activa y dinámica se logra cuando las personas están menos tiempo pendientes de sus propias palabras y emisiones, para comenzar a concentrarse en las de los demás.

Existe una necesidad propia de comunicarse, pero si solo se enfoca en su propia necesidad de comunicarse y se olvida de la necesidad de los otros, se perderá por completo la auténtica razón de la comunicación. Porque comunicación significa: «poner en común», «compartir».

La gente cree que solo necesita oír el ruido de lo que le dicen y de manera automática podrá escuchar todo. En realidad, escuchar es mucho más que eso. Es el proceso de la comunicación que requiere un esfuerzo superior. Por eso es necesario concientizar la necesidad de cambiar la forma de comunicarse y entrar en un nuevo nivel a partir de una escucha activa y dinámica.

Los procesos de escucha activa implican entender la comunicación del que habla desde su propio punto de vista.

Sabemos desde la enseñanza básica que oír es percibir vibraciones de sonido. Pero nadie nos enseñó a escuchar como un proceso más profundo de entendimiento, comprensión y sentido de lo que oímos.

Por eso somos pasivos, distantes, egoístas al escuchar. Pero la verdadera escucha debe ser 100% activa y dinámica. La escucha activa implica poder interpretar no solo las palabras que emite quien habla, sino también sus sentimientos y pensamientos.

Es fácil oír, por eso todo el mundo lo hace. Bueno, la verdad, aquí entre nos, es que hay algunos que ni eso saben hacer. Para llegar a entender a alguien es necesario entrar en el nivel de la empatía, que permite ir más allá del simple proceso de oír, hacia la habilidad de ser empático y ponerse en el lugar de la otra persona para, además de entenderlo y comprenderlo, estemos o no de acuerdo.

Para conseguir la escucha activa y dinámica existen cinco requisitos fundamentales, sin los cuales será imposible comenzar una buena comunicación. Veamos algunos de ellos:

I. *Disponer el ánimo.* Mantener una actitud adecuada para entender al otro. Tener el ánimo dispuesto para reconocer sus necesidades.

2. *Ser receptivo.* Contar con la capacidad de identificar el mensaje que quiere transmitir el otro, más allá de sus palabras.

3. *Ser expresivo.* A partir de expresiones verbales como: «sí, claro, veo, ajá» y no verbales como gestos, mirada, postura, demostrar interés en lo que le dice el otro, que den fe de su ánimo y entusiasmo por lo que le está diciendo.

4. *Eliminar distracciones.* Antes de iniciar la comunicación con la otra persona, elimine todos los elementos que puedan convertirse en distracciones fatales tales como las llamadas telefónicas, las interrupciones de personas que entran a la oficina en forma constante, o el televisor.

5. *Mantener la atención.* La tendencia a distraerse de las personas es muy marcada. En especial en aquellos cuya atención es dispersa por lo que les cuesta trabajo concentrarse en una sola cosa.

La curva de la atención comienza en un punto alto del mensaje, luego disminuye en el medio y se eleva otra vez en el final. Por eso, es necesario desarrollar una mayor concentración en el medio del mensaje, para que el nivel de la escucha no se afecte, sino que se mantenga atento y dispuesto de manera activa y dinámica todo el tiempo.

Niveles de escucha activa y dinámica

La escucha se considera activa cuando la persona que oye sabe demostrarle a su interlocutor que le atiende y le entiende.

El nivel de comunicación del oyente en este proceso es proporcional a su capacidad de asimilar y demostrar que es sensible a lo que escucha.

Recomiendo algunos métodos puntuales y efectivos que pueden servirle de ayuda en el momento de comenzar el ejercicio:

1. *Resumir.* Busque las palabras clave de lo que dice su interlocutor y elabore un resumen breve. De esa manera se animará a continuar con una conversación puntual y concreta. Diga frases como: «sí, te entendí bien, lo que usted quiere decir es...», «resumiendo, lo que me dices es...».

2. *Identificarse.* Es importante sentir que la persona que le atiende se identifica con su mensaje e incluso con sus sentimientos. Por eso, es importante decir algo así como: «me imagino» o «te entiendo».

3. *Confrontar.* También es necesario hacer saber a la persona que le importa lo que dice, aunque no esté completamente de acuerdo o no le parezca correcto lo que dice. Puede decir, con amabilidad y mucho tino para no ofender: «no

me parece», «no estoy seguro», «creo que no en todos los casos», «no necesariamente», «tendríamos que revisarlo».

4. *Mostrar acuerdo.* Si lo que usted oye le parece bien, entonces también déjele saber a la persona que habla que usted está de acuerdo. Puede decir algo así como: «claro que sí», «por supuesto», «estamos de acuerdo», «así es».

5. *Concluir.* Para que el proceso de escucha cuente con un cierre aún más efectivo, usted puede concluir con opiniones que muestren su postura frente a lo que le dicen. Puede usar frases como: «a mí me parece...», «pienso que...», «la verdad es que creo que...».

El proceso de la escucha debe ser inteligente y no automatizado ni mediocre. Quien le habla se dará cuenta por su respuesta y postura cuál es su nivel de interés y su entendimiento del asunto. Por eso es importante contar con una escucha inteligente que pueda asimilar con rapidez el mensaje que le quieren transmitir para volverse una especie de «radar» que puede captar todas las señales a su alrededor.

Si no escucha de manera empática, como una persona que está presente, quienes le rodean pensarán que no son importantes para usted y preferirán no perder su tiempo ni energías tratando de ser escuchados por alguien que no emite ninguna señal de vida ante sus mensajes.

Bloqueadores de la escucha activa y dinámica

También se pueden utilizar métodos activos para saber qué cosas no deben hacerse en el momento de escuchar. Existen muchos bloqueadores de la escucha dinámica y activa. Mencionaremos aquí algunos de ellos:

1. Resistencia permanente a las expresiones, sentimientos y emociones que surgen de quien habla, como reacciones automáticas a ciertas circunstancias. Debe tener en cuenta que no todo está bajo su control y que los sentimientos no se pueden modificar a su antojo. Simplemente recíbalos como son, sin tratar de escucharlos como le gustaría que fueran.
2. Crítica y juicio constante y emisión de persistentes juicios negativos de todo lo que escucha cuando la otra persona habla, como si fuera su juez implacable.
3. Salvavidas que trata de solucionar todos los problemas de quien le habla como si fuera su tabla de salvación en medio del océano. Esa persona necesita solo compartir algo, pero la responsabilidad de solucionarlo es de ella. Usted solo debe estar dispuesto a escuchar.
4. Interrupción, porque la peor cosa que le puede pasar a alguien cuando quiere que le escuchen es que le interrumpan de manera reiterada y no

le permitan hablar. Por eso, usted debe contar con el suficiente autocontrol para esperar a que la persona hable lo suficiente hasta que termine. Después sí, intervenga y emita frases breves de aprobación o desaprobación.

5. Afán de competir, porque otro de los errores más comunes al escuchar es el de siempre tratar de hablar de sí mismo y contar sus propias historias, casi que como en competencia con el que habla. No pierda de vista que esa persona necesita ser escuchada, no oír de sus hazañas.

6. Aconsejar y asesorar es una tendencia muy común, en especial de las mujeres. El querer dar consejos, como madres que siempre buscan desempeñar el rol de educar a sus hijos. Pareciera como si siempre quisieran cargar el problema, aunque con buen ánimo de ayudar, pero pierden de vista el enfoque: escuchar y no asesorar ni enseñar nada.

7. Minimizar o maximizar, es otro error frecuente al escuchar. Tratar de minimizar al otro con frases que lo descalifican o lo hacen sentir inseguro. O, por el contrario, maximizar con tanta exageración la aprobación a sus palabras con el fin de animarlo que también lo puede intimidar y cortar su mensaje.

8. Señalar con el dedo amenazador a la persona con frases como: «tú siempre eres un desastre»,

«nunca eres atento», y la peor, «¡te lo dije!».
Más bien dígale cosas como: «sería mucho
mejor si...» o «a veces te pasa que...».

9. Aprovechar el espacio para tocar todos los
    asuntos a la vez. Como una catarata
    desbordada que en vez de escuchar deja
    explotar su afán de cubrir todos los temas de
    una sola vez. Evite discutirlos todos en una
    misma conversación. Aborde los aspectos
    uno por uno y en el momento adecuado. No
    intente «aprovechar» así el espacio porque lo
    que logrará será más bien desaprovecharlo
    por completo. Por querer abordarlos todos,
    no escuchará nada de lo que le quieren decir
    y, lo peor, no abordará ninguno con
    asertividad.

10. Guardar emociones negativas que terminarán
    por acumularse y estallarán en algún
    momento. Después de escuchar con atención,
    trate de retroalimentar y decir lo que siente y
    piensa. De lo contrario, puede llegar a
    convertirse en una peligrosa olla a presión, sin
    válvula de escape, que en algún momento
    explotará y romperá todos los vidrios de la
    casa, con un enfrentamiento agresivo que se
    puede evitar si se vuelve un poco más asertivo
    para escuchar y retroalimentar en el momento
    adecuado. Esa es su válvula de escape que debe

cuidar para que no se deteriore o se obstruya. Manténgala bien calibrada.

11. Escarbar y recordar los asuntos negativos del pasado, para traerlos como ejemplo en medio de la charla del otro. De manera recurrente y aburrida busca relacionar todo lo que le dicen en ese momento con sus eventos vividos en años pasados, lo cual se hace pesado y tedioso. Debe enfocarse en el presente y en el futuro para no perder tiempo y esfuerzo, y darle toda su energía a la persona que escucha.

12. Precisar con la capacidad de ser puntual y directo es una de las fortalezas de la comunicación de alto impacto que mencionamos en el Libro I sobre la habilidad de hablar. Ser específico trae claridad al mensaje. Por eso, cuando escuche no diga nada más de lo que debe decir, en forma precisa.

13. Evitar las generalizaciones, porque los términos «siempre» y «nunca» raras veces son ciertos y tienden a pegar etiquetas equivocadas en las personas. Es diferente decir: «Últimamente te veo algo ausente» que «siempre estás en las nubes». Para ser justos y honestos, para llegar a acuerdos, para producir cambios, resultan más efectivas expresiones del tipo: «la mayoría de veces», «en ocasiones», «algunas veces», «frecuentemente», que no generalizan

y que permiten el beneficio de la mente abierta.

14. Ser breve, sin el afán muy generalizado de tratar de hablar mucho para ser entendido. Pero resulta que cuando se hace esto, el efecto que se consigue es contrario. Cuando usted habla mucho e interrumpe la conversación del otro con discursos y argumentos explicativos alargados, se pierde el sentido y propósito. Recuerde: lo bueno, si breve, dos veces bueno. Si va a insertar frases mientras escucha, solo diga líneas muy breves, que generen valor. Y piense en esto: si lo que digo no agrega valor, es preferible callarme y limitarme a escuchar.

15. Examine su comunicación no verbal. Mientras escucha, usted transmite al otro un mensaje silencioso pero poderoso, a partir de sus actitudes, gestos, postura y ademanes. Por eso, como parte de la habilidad de escuchar, debe estar dispuesto a examinar siempre su comunicación no verbal y prestarle una atención especial a la forma en que le responde en silencio a la otra persona y al público que le rodean a través de sus expresiones que, sin duda, hablan más que sus palabras.

CAPÍTULO 6

SIETE CLAVES PARA SABER CUÁNDO GUARDAR SILENCIO O PRONUNCIARSE

Siete claves para saber cuándo guardar silencio o pronunciarse:

1. Controle sus impulsos

Es evidente que las personas con temperamento efusivo y sanguíneo son las que se enfrentan día a día a la debilidad de hablar demasiado, por ser demasiado extrovertidos.

Guardar silencio no es uno de sus particulares encantos. Aunque sí tienen muchos su «talón de Aquiles» es no saber escuchar. Eso los vuelve intensos, exasperantes y predecibles. La razón de ello es que no saben controlar sus impulsos porque los gobiernan sus emociones.

A los otros tres temperamentos: colérico, melancólico y flemático, les pasa lo mismo pero no con la misma intensidad. Sobre todo al colérico. Aunque por lo general lo que le sucede a este perfil tajante, práctico, objetivo, determinado y obstinado no es que interrumpa, sino que no deja hablar porque gobierna todo y no le parece importante lo que los otros digan. Por eso no los deja casi que ni respirar. Y cuando van a hablar no los escucha porque solo le interesa el resultado.

Insisto en este tema de los perfiles y temperamentos porque es en ese contexto en el que se mueve la inteligencia emocional. Es aprender a controlar los impulsos y debilidades lo que nos permite manejar con habilidad los espacios para saber cuándo guardar silencio y cuándo encontrar el momento justo y adecuado para hablar. Si en el caso de los superextrovertidos sanguíneos y coléricos el problema es la interrupción, en los introvertidos flemáticos y melancólicos el problema es lo opuesto: dejan pasar el momento para pronunciarse y terminan no haciéndolo ante el temor de enfrentarse al pánico escénico que les provoca el hablar.

A veces, demasiada prudencia y calma también puede ser una debilidad, otro «talón de Aquiles», pero en sentido contrario. Estos perfiles pasivos deben controlar el impulso interior del temor que no los deja hablar por lo que mantienen un silencio tan prolongado, que también afecta la comunicación de igual o peor forma. Para ellos, el ejercicio consistirá entonces en obligarse a intervenir en el momento propicio con frases amables y sencillas para hacerse sentir y que su comunicación sea asertiva, como gente de potencial que está presente en la conversación.

Controlar los impulsos es entonces una habilidad emocional, física y hasta espiritual, que le dará el impulso perfecto a su comunicación.

Un consejo: no importa que muchas veces pierda en el intento de encontrar el momento justo para dejar de guardar silencio e intervenir. No se angustie. No se vaya a bloquear. Recuerde que este es un ejercicio para toda la vida. En la medida que lo ejercite más y más, se le convertirá en estilo y sello muy personal.

2. Busque el momento adecuado

Luego de aprender a controlar los impulsos para dejar de interrumpir o comenzar a hacerlo, según sea el perfil, el siguiente paso será encontrar el momento adecuado para pronunciarse.

¡Esto sí que es todo un arte! Porque, ¿quién puede decir cuál es el momento justo? ¿Dónde está escrito? ¿Quién tiene la medida? Es muy difícil. Sí lo es. Pero de eso se trata. De derribar a ese gigante que nos bloquea y no nos deja comunicarnos en forma asertiva, porque siempre nos lleva un paso adelante o atrás en la comunicación. Y nos hace ir fuera de compás.

Creo que el momento adecuado se encuentra tras el esfuerzo de desarrollar la sensibilidad para encontrarlo. Es como en la música: el oído le dice cuándo debe cambiar la postura en la guitarra o cómo llevar el paso con su pareja cuando bailan el bolero «Bésame mucho» de Consuelo Velázquez, o la «Bachata en Fukuoka» de Juan Luis Guerra. Es cuestión de saber «llevar el ritmo».

Así es también en la comunicación. La música de las frases le dirá por sí misma en qué momento guardar silencio y en qué momento le toca a usted ingresar con su «nota». Lo que usted debe desarrollar es la capacidad de atención para que no se «desafine» o se «destemple» en sus intervenciones.

Si sigue este «paso», la comunicación se le volverá una grata melodía. O un delicioso son con «tumbao» que comenzará a disfrutar con un «paso» bien llevado.

Es el 1, 2, 3 de la escucha: 1, 2, 3... y ¡entre! No se pierda la delicia de «bailar» esta «danza» entre el silencio y la determinación de hablar. Recuerde, este es el paso: 1, 2, 3... y ¡entre!

Así como para aprender a bailar bachata, merengue o vallenato al principio los movimientos son torpes y mecánicos, 1, 2, 3... también en el ejercicio de aprender la danza de la escucha y la intervención, al comienzo se sentirá un poco lento, torpe y hasta extraño. Pero relájese y disfrútelo. Le prometo que llegará el momento en que «bailará» con tanto ritmo este «son», que ni usted mismo lo va a poder creer, y lo va a querer practicar miles de veces, porque se le convertirá en un deleite.

Espero que cuando esté en el ejercicio de guardar silencio e intervenir a tiempo, 1, 2, 3..., no se comience a reír solo si en ese momento se acuerda de mí. Y si le funciona, no me olvide, escríbame a comunicacioninteligente@ gmail.com y celebraremos juntos su testimonio de éxito, que publicaré feliz en mi próximo libro. O en mi sitio Web. Se lo prometo.

3. Escuche hasta que la otra persona se sienta feliz de ser escuchada, y luego intervenga

Tampoco existe una medida exacta para saber hasta cuándo debo escuchar en silencio, y luego, cuál es el momento exacto para interrumpir a alguien cuando habla. Pero le diré la clave más efectiva: escúchelo(a) hasta que se sienta feliz por haber sido escuchado. ¡Ese es el momento adecuado para entrar con su intervención!

Esto no es igual en todas las personas. Algunas se sienten felices con ser escuchadas cinco minutos. Pero otras necesitan diez. Y algunas prefieren que, por lo menos, sea una hora.

Pues bueno, su capacidad de comunicación empática (saber ponerse en los zapatos del otro) será la que le señale el momento en que la persona se siente realmente escuchada. Es en ese momento cuando usted deberá entrar en el «baile». Para lograrlo, es necesario que entienda algo primero: lo más importante no es que lo escuchen a usted, sino que usted escuche al otro. Cuando su mensaje pase a un segundo plano para darle paso al del otro como prioridad, es allí y solo allí donde podrá asumir su papel en el «baile». Es la diferencia entre bailar solo, con el paso que a usted le dé la gana y bailar en pareja. Para esto último se necesita un ritmo fluido entre los dos, en el que ambos se sujeten al ritmo del otro, y lleven el paso entre los dos.

4. Solo cuando esté seguro de que el otro dijo todo lo que necesitaba decir, entonces hable

Una clave de oro para saber hasta cuándo debe escuchar al otro es la de asegurarse de que él, o ella, ya dijeron todo lo que tenían que decir. Solo cuando desarrollemos esa sensibilidad empática de enfocarnos en el otro, dejaremos de interrumpir cuando la gente nos habla para imponer lo que nosotros queremos decir. Creo que este es, sin duda, uno de los ejercicios más bellos de la comunicación, porque implica negarse a uno mismo para que el próximo —prójimo— sea valorado.

Más allá de la técnica, implica un ejercicio de valoración de los demás y de uno mismo, sin desmedirse.

En este punto es muy importante saber guardar el equilibrio. Porque tampoco se trata de que usted se calle para que los otros hablen y no sepa cuándo entrar en la conversación para exponer sus razones, argumentos o puntos de vista. Justamente, se trata de encontrar el punto exacto en el que ya el otro dijo todo lo que necesitaba decir y usted dice aquello que es relevante y le aporta valor a sus palabras. Si su motivación al involucrar sus palabras es la de agregarle valor a lo que el otro dice en medio de una amable y amena conversación, entonces nunca tratará de imponer sus argumentos para vencer al otro en el *cuadrilátero*, como si se tratara de una ronda más en una pelea de boxeo, donde cada uno se encuentra en una esquina, para tratar de acabar al otro en el próximo asalto. ¡No! Para que el ejercicio de la escucha funcione de verdad, debe incluir principios y valores fundamentales como la armonía, la amabilidad, la empatía, la valoración de las personas, el respeto, el trabajo en equipo y miles de valores más, que si no se aplican, no podrá ser posible el ejercicio genuino y voluntario de escuchar al otro.

Si solo se queda callado mientras escucha, pero por dentro está pensando cómo hacer para callarlo, interrumpirlo, acabarlo y ganarle la batalla con nuevos argumentos impuestos e implacables, entonces la escucha no pasará de ser un ejercicio mentiroso, sin valor, en el que usted está en silencio pero solo para continuar con la posición egocéntrica, terca, obstinada y hostil de imponer sus ideas y anular a todos los demás, para ser escuchado.

5. Cuando hable, no diga cualquier cosa, utilice frases contundentes

En el proceso de aprender a escuchar, no basta con quedarse callado y permitir al otro hablar. Tampoco es suficiente saber cuándo interrumpir. Existe otro elemento que forma parte de la inteligencia de la escucha y es el de aprovechar bien el instante en que realiza su

intervención para decir frases breves, concretas y sencillas pero contundentes.

Si va a interrumpir a quien le habla, solo para decir
asuntos que no tienen nada que ver con la conversación, o
que solo se relacionan con usted mismo y sus hazañas, es
mejor que no intervenga. La tendencia de muchos al intervenir en medio de la conversación del otro, es decir cosas
como «yo también» y luego cuentan todo su caso, mientras la persona que necesita ser escuchada se queda sin
poder terminar de decir lo que quería comunicar.

Cuando alguien quiere ser el centro de atención, no
puede escuchar porque siempre busca relacionar todas las
conversaciones con aquellas cosas con las que quiere convertirse en el héroe de todas las charlas.

Tampoco puede escuchar una persona demasiado com-
petitiva que siempre quiere rivalizar. Porque cada vez que
la persona trate de contarle una de sus proezas exitosas, él
tratará de minimizarla y comenzará a contar las suyas,
para maximizar sus capacidades y no dejarse «echar tierra
encima».

Por lo general, estas personas competitivas en exceso no
escuchan a nadie, porque están muy ocupadas en que los
escuchen solo a ellos, pues tienen una gran necesidad de ser
afirmados y aceptados. Su adicción a la aprobación los
vuelve compulsivos y ansiosos en el momento de tratar de
escuchar a alguien, y por ello le interrumpen cada rato, de
manera persistente, y a veces hasta con la respiración entre-
cortada, temblorosa y agitada. Estas personas deben

desarrollar el ejercicio de la escucha con mayor intensidad que las demás, porque les costará el doble de trabajo. Pero la buena noticia es que, cuando lo logran, son realmente los mejores en escuchar. Si logran entender que su mejor forma de competir es guardando silencio y valorar al otro, pueden alcanzar niveles de escucha de verdad sorprendentes.

Pero entonces, ¿qué es lo que se debe decir en el momento de intervenir para que las palabras sean contundentes? La clave para saberlo es preguntarse siempre: ¿cómo puedo agregar valor a lo que esta persona me ha dicho?

Sin interrumpir de manera brusca ni abrupta y aunque nadie se entere de sus propias hazañas, busque el espacio ideal para hacer comentarios que enriquezcan la conversación. Haga de la escucha su hazaña más grande y alcanzará los resultados esperados.

Al intervenir, puede hacer preguntas tales como: «¿Y cómo te sentiste?». De esta manera, la persona se sentirá de verdad valorada y la conversación podrá llegar a niveles insospechados de asertividad.

Conviértase en el mejor escucha. Solo con preguntas breves pero inteligentes y poderosas, usted podrá ser el mejor mentor, al que las personas de verdad aprecien y agradezcan precisamente porque las escucha. ¡No podrá imaginarse el efecto que alcanzará!

Recuerde que no se trata de una escucha pasiva sino activa. Que usted sí debe intervenir pero sin dañar o cortar el proceso de comunicación fluida. Sin molestar al otro, sino que, por el contrario, se ocupe de hacerlo sentir importante todo el tiempo mientras le presta total atención a lo que le dice.

Otra de las formas eficaces de intervenir en una conversación es con frases de gratitud o aprobación a lo que le dice el otro. Usted podrá incluir frases cortas pero poderosas, como: «¡Qué bien que lo hiciste!». Su interlocutor no solo podrá fluir mucho más, sino que de verdad se sentirá escuchado. Claro, no debe excederse en los halagos, ni decirlos solo por decirlos, para ganarse sus afectos. Porque se le notará y lucirá como un egocéntrico arrogante.

Las frases de aprobación y de admiración deben sonar reales y no fingidas. De lo contrario, será mejor guardar silencio. No suelte una seguidilla de frases de admiración solo para rellenar los espacios con cosas tales como: «Me encanta tu casa, está preciosa, así quiero hacer la mía» o, «Se parece a la de mis papás» o, «Este es el diseño que a mí me gusta» porque dejará en el ambiente una sensación de hastío y empalago muy aburridora. Además, no mostrará seriedad ni confiabilidad. Se le notará que trata de manipular con lisonjas, cumplidos y piropos. Y de esa manera, muy pocas personas querrán que usted sea ese mentor que han buscado para ser escuchados.

Si va a escuchar, no diga nada. Y cuando intervenga, solo diga frases valiosas. El resto del tiempo, sea dueño de sus silencios. No se vuelva esclavo de sus palabras. Sea solo un buen servidor y facilitador de quienes le piden a gritos ser escuchados. Esto lo volverá un ser agradable y valioso para las personas de su área de influencia.

Espero que me escuche porque para llegar a decirle todo esto, he tenido que pasar por todos los procesos de falta de escucha y anhelar de verdad ser una persona que quiere escuchar a otros. Muchas veces fracaso en el intento. Todavía me falta mucho para alcanzar la meta y lo que hago no ha llegado aún al grado de perfección que quisiera alcanzar. Pero vuelvo a retomar mi decisión de escuchar a otros como parte fundamental de mi crecimiento personal.

Me siento feliz cuando lo logro. Pero muy triste cuando pierdo el norte de la escucha y comienzo a hablar solo de lo que a mí me interesa, como tratando de imponer mis criterios y opiniones. ¡Qué absurdo! ¡Qué vergüenza! Esta es una debilidad de la cual me arrepiento cada día. Y he visto el fruto de mi sincero ejercicio de cambio. He aprendido que la escucha es como un proceso de maduración personal que se relaciona con mi inteligencia emocional.

Recompensas por escuchar

Tal vez pueda servir de algo darse recompensas a sí mismo cada vez que logre espacios de escucha para su pareja, sus amigos, sus subalternos y familiares. Pero también aplicarse sanciones cada vez que vuelva a dejar de escuchar. De esa manera, podrá concientizar cada vez más la escucha, como una necesidad en su vida. Porque la asociará con un premio y casi que la exhibirá como un galardón o una copa de campeón en la mejor vitrina de su casa.

Si escuchar es un premio, y no un castigo, usted querrá comenzar a desarrollar esta habilidad como una de las más preciadas en su vida. Por favor escuche y recuerde mi voz que le dice: ¡ánimo, usted puede escuchar!

6. *No interrumpa para decir lo mismo varias veces*

Una de las formas más comunes de interrumpir es la de repetir con insistencia la misma cosa a una persona mientras habla.

Es impresionante ver cómo los padres, en vez de escuchar a sus hijos cuando nos cuentan algún error fatal que cometieron en la escuela o con los amigos, en vez de decirles una frase de ánimo que les genere valor y alguna enseñanza, solo les respondemos con tono ofensivo y casi sarcástico y burlón: «¡Te lo dije!».

Esto demuestra que solo nos importa exhibir nuestra razón y la torpeza de ellos para entender algo en la vida.

Otra de las interrupciones comunes de repetición es: «Es que tú siempre...» o «Es que tú nunca...» con calificaciones intermedias en la conversación que tienden a entorpecer y a bloquear a quien trata de ser escuchado mientras nos cuenta sus sentimientos.

Tratar de calificar a las personas mientras hablan o darles lecciones del ABC y hasta la Z de lo que debe o no debe hacerse en esos casos. O la vieja escuela de los mayores de contar «Cuando yo era joven....» para interrumpir por completo a la persona y no volverle a dar la oportunidad de hablar y mucho menos de ser escuchada.

También son comunes las interrupciones con exclamaciones exageradas como: ¡ay, no puede ser! ¡Increíble! ¡No lo puedo creer! ¡Guao! ¡Es maravilloso! ¡Divino! ¡Precioso! ¡Hermoso! ¡Fabuloso! Portentoso!

O preguntas con exclamaciones exageradas como: ¿en serio? ¿De verdad? ¿Cómo va a ser? ¿Cierto?

O tratar de confirmar todo lo que el otro dice con palabras y onomatopeyas como: ¡ajá!, por supuesto, así es, sí señor, claro que sí, en efecto, seguro, ¡pero claro!, ¡sí!, ¡qué bien!, ¡buenísimo!, ¡me encanta!

Otra forma de interrumpir son los gestos, muecas y caras de sorpresa, angustia, aprobación o desaprobación. A veces utilizamos esa clase de frases con la mejor buena intención de demostrarle al otro que estamos muy, pero de verdad muy, interesados en su conversación. Seguro que no es por maldad o por mala voluntad.

Parece que no nos damos cuenta de que para demostrar el interés, el único esfuerzo en que debemos concentrarnos es en el de escuchar. Y punto.

7. *Espere, espere, espere*

Si me pregunta cuál es la fórmula de oro para escuchar sin interrumpir, le diría la que me ha funcionado y creo que les funciona a todas las personas que han dedicado su vida al honroso y digno ejercicio de escuchar a otros:

1. Espere
2. Espere
3. Espere

La habilidad de escuchar se relaciona en forma directa con una de las virtudes del carácter más difíciles de adquirir, pero más valiosas y poderosas: la virtud de esperar.

No escuchamos porque nos des-esperamos, y des-esperar-se es perder la capacidad de esperar. Lo peor es que, en medio del des-espero, cometemos toda clase de imprudencias y actos de mala educación, como interrumpir, ofender, hacer daño, herir, exigir, criticar, evadir, regañar, gritar y toda clase de maltratos con la persona que solo quiere que usted espere y la escuche.

Es entonces cuando vienen las lágrimas, los portazos y hasta se puede llegar a los extremos del maltrato intrafamiliar o intraempresarial, que puede terminar en demandas por maltrato, acoso laboral y violencia psicológica verbal.

La falta de escucha no es un juego del ego. Es una debilidad que se convierte en una amenaza nefasta y fatal.

Si no podemos esperar al otro, si necesitamos interrumpir de manera compulsiva y ansiosa, es tiempo de colocar alarmas altas en el carácter, en la falta de autorregulación e inteligencia emocional, por el déficit de escucha.

Porque si nos cuesta trabajo escuchar y creemos que interrumpimos por una buena intención de aportar y ayudar, lo que en realidad se esconde por lo general tras nuestra amabilidad es una necesidad de controlar todas las situaciones y personas. Y para controlar, muchas veces es necesario manipular.

La persona que espera, no controla ni manipula, sino que permite que los demás sean autónomos, participen y cuenten con su propio autocontrol. Al dejar de interrumpir, usted dejará de manipular todos los espacios y sentirá que la vida y las personas fluyen de manera más feliz, sin necesidad de que usted las controle. Lo mejor de todo es que usted mismo será mucho más feliz. Descansará de su propia intensidad y disfrutará la delicia de ver a otros felices por sentirse escuchados. Ese será su nuevo nivel de dicha a partir de la escucha dinámica.

Ser escuchado: una necesidad emocional

El impulso de controlar no es consciente, sino que se mueve, como todos los impulsos, desde el subconsciente. Desde los complejos, los temores, las inseguridades, todo ese mundo interior tan complicado que nos acompaña y nos deja ver los faltantes interiores.

Cuando interrumpimos, imponemos, controlamos las conversaciones, dejamos ver ese niño interior que dice: «¡Escúchenme solo a mí!».

Imagine una escena de niños en el colegio, o hermanitos en la casa, que pelean por ser escuchados por el papá, la mamá o la profesora. Todos gritan al mismo tiempo casi con desesperación y comienzan a pelear: «No, yo lo hice primero», «el mío es más bonito», «a mí me regalaron el carro más lindo».

El niño que llevamos dentro, creció y envejeció con la misma necesidad no madurada y hace cualquier cosa con tal de ser el primero y el más escuchado.

Creo que el concepto de ser escuchado para un niño, un adolescente, una ama de casa, un ejecutivo, un militar, un político, un deportista o un anciano, se puede traducir, en todos los idiomas, en la misma necesidad: ser amado.

La fórmula perfecta y sencilla es:

$$A + ESCUCHADO = + AMADO$$

$$A - ESCUCHADO = - AMADO$$

Me parece que todo esto proviene de una genuina demanda de atención, que debería ser atendida con urgencia como una necesidad emocional. Si entendiéramos que existe una profunda necesidad de ser escuchados en las personas que nos rodean seríamos los mejores comunicadores porque les permitiríamos desahogar todas sus ideas, sentimientos, pensamientos, conceptos, argumentos, sin interrumpirles.

He aprendido a desarrollar esta habilidad de escuchar desde mi capacidad de amar a las personas. Porque cuando comienzo a dejar ver un faltante de afecto y cariño, entonces empiezo a exigir que me escuchen solo a mí y no atiendo a nadie, interrumpo todo el tiempo y hablo en tono más alto para callar al otro y ser atendida. ¡Qué pena!

Por eso me ha funcionado muy bien con mis hijos Daniel y Ángela María, con mis amigas y amigos más queridos, con la gente que entreno en las empresas, decirles antes de hablar: «Necesito que por favor me escuchen porque es muy importante para mí y necesito que me atiendan en esto». Entonces ellos entienden y me permiten hablar y hablar... ¡y hablar! Hasta que me siento satisfecha y feliz de ser escuchada y, sobretodo, muy amada.

Pero me funciona aún más cuando puedo detectar en ellos la necesidad de escucha reprimida. Entonces realizo el ejercicio interior de pensar: «No voy a decir nada, solo le voy a escuchar porque me necesita, porque me está pidiendo a gritos que le atienda, que le ame». De esa manera, he elevado mi bajo nivel de escucha y cada día trato de crecer más en el nivel de amar.

Lo que mejor hacen los psicoterapeutas y psiquiatras es escuchar. Pueden permanecer media hora en silencio, en el ejercicio de la escucha. Solo interrumpen con preguntas clave como: «¿Y qué sentiste?», para que la persona continúe media hora más en el desahogo total de sus actitudes, comportamientos y sentimientos. Es así como pueden ofrecer un diagnóstico acertado del estado psicoafectivo del paciente.

¿Se imagina a un psicólogo interrumpiendo a su paciente cada tres minutos para contar sus hazañas? Pues la verdad, creo que tendría que cambiar de oficio. Porque, sin duda, lo más importante de una buena terapia es escuchar.

Pero aunque no seamos psicólogos, debemos por lo menos tener claro que la escucha es lo más importante en la comunicación de los esposos, los padres, los maestros, los amigos.

Aunque creo que nadie nos entrenó para escuchar bien, por lo menos no recuerdo en la facultad de Comunicación de la Universidad una clase que se llamara Escucha I. Y debería haberla, por lo menos una por semestre: escucha I, 2, 3, 4, 5... ¡hasta 10!

Salimos de la universidad muy bien entrenados para hablar y escribir pero nadie nos dice cómo hacer para ser un buen escucha. Porque, aunque es tan importante y determinante, es una destreza a la que se le presta poca atención.

Es de extrema urgencia cambiar esa cultura de la falta de escucha por una de escucha dinámica.

Si se trata de asociar la escucha con la empatía, con los principios y valores, con la necesidad de amor, entonces podríamos decir que una máxima de la comunicación es: «Escucha a tu próximo como quieres que te escuchen a ti».

Un día, en medio de un delicioso desayuno de trabajo en el restaurante La Bagatelle en Bogotá, un amigo le dijo a mi hijo Daniel, en tono bajo, medio cómplice, medio en broma, algo que no olvidaré: «Mire hermano, ¿usted quiere conquistar a una mujer? ¡Escúchela! A ellas les encanta que las escuchen». Creo que ese día mi hijo aprendió una clave para amar de verdad. También yo entendí por qué he necesitado tanto ser escuchada. Desde entonces, les cuento a todos los hombres en las conferencias y talleres de comunicación el secreto de la conquista y de la felicidad femenina.

Muchas relaciones de pareja se han arreglado al descubrir, concientizar y practicar esta clave de escuchar. Y muchas de las esposas de los presidentes y gerentes de bancos y entidades importantes me aman por enseñársela a sus parejas. Hasta me envían mensajes y regalos de gratitud: «Gracias, su capacitación cambió mi vida».

Es increíble, pero solo les dije que tenían que escucharlas y eso bastó para transformarlo todo. Se venció el paradigma que ellos llamaban «incompatibilidad», próximo a llevarlos al divorcio.

Todo se convirtió en una amena y deliciosa comunión, en la que nadie exige ser escuchado, sino que busca la felicidad del otro, a partir de escucharlo. Así encontraron la clave para la armonía.

Si se trata del trabajo en equipo en la entidad, mucho más. Los líderes comienzan a verse mucho más asertivos, confiables, amigables y de alto impacto a partir del secreto que les enseño en los talleres: ¡escúchelos!

Cuando logran captarlo y hacen lo que llamo el «clic» interior de cambio hacia la escucha, parece que todo se soluciona dentro del área.

El clima organizacional se torna más agradable y todos saben que pueden contar con el mejor líder del mundo. Ellos no saben por qué, pero el líder sí guarda nuestro pequeño gran secreto: escuchar. El secreto del triunfo de una comunicación asertiva. Aplíquelo para la empresa, para la familia, para la vida.

La pasión de escuchar

Un buen oyente trata de entender profundamente lo que la otra persona está diciendo. Al final puede llegar a estar en desacuerdo, pero antes de demostrar su contrariedad quiere saber exactamente de qué se trata.

—Kenneth A. Wells

Para que la escucha se vuelva un quehacer del día a día, una necesidad de cambio, una prioridad de vida, parte del carácter, tanto en el ser como en el hacer, necesita ir acompañada de un valor definitivo: la pasión.

Sin pasión por escuchar no será posible comenzar a querer escuchar a nadie. Después de la conciencia clara de la necesidad de escuchar, lo que sigue es volverla estilo y forma de vida. Pero para que eso suceda, es necesario desarrollar en nuestro interior una pasión por la escucha.

Solo así podremos empezar a hablar de una escucha dinámica, activa, empática, asertiva. Solo así podremos comenzar a desarrollar asuntos tan importantes para el crecimiento de las personas en las familias, las empresas, los gobiernos, las universidades y en todos los ámbitos.

Sin pasión no hay escucha, porque sin pasión no hay comunicación. Y a una gran comunicación, una gran pasión. Por lo tanto, a una buena escucha, una gran pasión.

Estoy de acuerdo con el primo Gabriel García Márquez, premio Nobel de Literatura, cuando dice: «Solo cuando uno hace lo que le gusta, puede ser realmente feliz». Si aplicamos esa inteligente premisa a la acción de escuchar podremos traducirla así: «Solo cuando a uno le gusta escuchar, puede ser realmente feliz escuchando».

En lo personal, he descubierto en mí misma que cuando logro guardar silencio y comienzo a escuchar con pasión a las personas que me rodean, me siento feliz y realizada. Siento que alcanzo un logro personal. Y la paga de eso es ver la sonrisa agradecida de placidez de esas personas a quienes escucho.

De verdad que genera una profunda satisfacción el resultado de escuchar a las personas. Luego, esa sensación de alegría comenzó a convertirse en una dicha. En este momento de mi vida puedo decir, con mucha seguridad, que el ejercicio noble y grato de escuchar terminó por convertirse en mí en una pasión. Incluso se me ha vuelto una dinámica muy lúdica y de experiencia, en un juego de cada reunión, cada cita, cada encuentro con las personas en el pasillo de una entidad, en la calle, en un café, o en el comedor de la sala de la casa con mis hijos y familia.

Sin que nadie lo sepa —lo sabrán ahora con esta confesión escrita— en mi interior me digo a mí misma: «Voy a guardar silencio para escucharlos». Entonces miro el reloj y contabilizo cuánto tiempo puedo durar en silencio y con el ejercicio de escuchar lo que los otros dicen, sin esperar ser escuchada o imponer mis palabras.

A veces he ganado. Muchas veces he perdido. Lo intento, créame, pero no puedo. Entonces en la próxima oportunidad, vuelvo a intentarlo, y cuando lo logro, me produce tanta dicha y pasión el triunfo en el intento, que no puedo parar de escuchar. Así es como funciona.

Le regalo este pequeño secreto para poder escuchar con pasión. Comience hoy mismo. Si es necesario, haga lo que yo he tenido que hacer con algunos amigos cuando comienzo a hablar sin parar y no les permito intervenir: en la mitad de la conversación me doy cuenta de que no los estoy dejando hablar, refreno mis palabras, paro en seco, freno mi conversación amena y digo: «A partir de este momento, no hablo más. Habla tú».

Entonces las personas se sorprenden, pero se vuelven un poco cómplices conmigo y comienzan a volverse parte del juego apasionante de escuchar que me ha dado excelentes gratificaciones en los procesos de comunicación. Aún más que las de hablar en público o escribir, que tanto me apasionan.

Otra fórmula de la escucha:

$$\text{PASIÓN X ESCUCHAR + TIEMPO} = \text{AMAR}$$

La pasión por escuchar tiene que ver con la pasión por amar a los demás. Solo cuando comienzo a sumar las dos premisas: escuchar + amar entonces puedo de verdad entender el total del acto de escuchar como un asunto apasionante. De compromiso con el próximo y de negación de mí mismo, para que el otro sea feliz.

Aquí entra en el juego otra variable determinante: el factor tiempo.

Me llama la atención que los investigadores, psicólogos y estudiosos de la conducta y el crecimiento personal en general, siempre relacionan el asunto de amar con el factor tiempo.

Es decir, pasar *tiempo de calidad* con los hijos o con el esposo, la esposa, el novio, el equipo de trabajo de un líder, se concibe como la mejor forma de amar a las personas y dar lo mejor de sí mismo.

Esto quiere decir, según entiendo que, si escuchar es amar, entonces, también debe traducirse con la misma palabra: escuchar = tiempo. Es más, se podría decir que tiempo de calidad = escucha de calidad = amor.

Es necesario dedicarle los mejores momentos al ejercicio de tratar de escuchar a otros. Se requiere disposición personal, entrega, compromiso, paciencia, sacrificio, lealtad.

En fin, de verdad estoy convencida de que escuchar es amar y para ello se requiere de una actitud más allá de la técnica y el sentido físico de oír: se requiere a gritos de pasión. Mucha pasión, entendida como valor humano, como ganas de atender, de encontrarse con las otras personas, de dar lo mejor de sí mismo.

La pasión es un valor sin el cual ninguna forma de comunicación llegará a un nivel más alto que los tobillos de su crecimiento personal. Es como aplicarle aderezos a una ensalada simple, o prender el equipo de sonido en medio de una reunión aburrida.

La pasión por escuchar hace que el proceso comunicacional con los otros se vuelva más ameno y divertido. No aburrido y obligatorio.

Nada peor que un esposo que escucha a la esposa porque le toca. O un papá que es un presente-ausente porque está sumergido en su mundo lleno de problemas, y no se dispone con amor y pasión a escuchar a nadie. Está tan lejano, distante, absorto y reconcentrado en sus asuntos de trabajo que no puede ni por un instante escuchar a quienes le rodean. Tan solo puede pensar en los asuntos de su empresa porque es allí donde tiene el corazón y los pensamientos; es decir, es allí donde ha puesto toda su pasión y por eso no puede escuchar nada más que no sea la llamada de la empresa para decirle cómo van los asuntos del día.

Imagínese por un momento que a esa misma persona le apasionaran tanto los asuntos de la familia que se concentrara por completo en las preocupaciones de la hija adolescente, o en las lágrimas de la esposa cansada, o en el problema del hijo mayor que necesita cambiar de carrera en la universidad, ¡o lo que sea!

Cuando esa persona llegue a procesar en su conciencia la necesidad de escuchar como algo tan valioso como la rentabilidad de su empresa (sea en pesos, dólares o euros) entonces comenzará a interesarse de tal manera, que se le notará la pasión por escuchar a todos. Será su mejor negocio. Su mayor ganancia.

Otra forma de volver el escuchar un acto de pasión es cuando logro entender que la escucha puede llegar a ser una de las virtudes más altas de mi propia personalidad, carácter y temperamento. El mejor maquillaje y la prenda más bella de última moda y gran marca. El más exquisito perfume.

He llegado a entender incluso que a uno lo miden como líder por la habilidad de escuchar o no escuchar a los otros, como quien sabe dirigir equipos de alto rendimiento.

Si escuchar se vuelve parte de su evaluación personal en la empresa, o en la casa, o en la calle con los amigos, entonces usted comenzará a ejercitarla con tanta pasión como cualquier otro de los indicadores de éxito de su liderazgo. Debe ser tan prioritario como vender, comercializar o subir el nivel de clientes.

Porque la mejor forma de vender y lograr resultados financieros y corporativos es escuchar y la mejor forma de escuchar es con pasión. De lo contrario, no pasará de ser una escucha antipática y no empática. Si usted escucha porque le toca y no porque le agrada, se le va a notar. Pero si escucha porque le apasiona, también se le notará y logrará resultados contundentes.

Haga del ejercicio más noble de la comunicación, escuchar, su mejor pasión. ¡Y disfrútelo! Sin duda comenzará a sentirse y a verse como una mejor persona. Cuando llegue al nivel de sentir pasión por escuchar, entonces le podré decir que, de 1 a 10, su comunicación obtiene la calificación 10.

Claves para escuchar con pasión:

1. Determine en su interior hacer de la escucha una de las prioridades de su vida.

2. Asuma que escuchar debe ser un indicador de logro de su gerencia personal.

3. Tome la decisión de escuchar como una de las más inteligentes de su existencia y asuma que nadie la va a tomar por usted.

4. Escriba en la pared de su habitación, en el espejo de su baño, en el tablero de su computador o en el corcho de su oficina, una frase que diga: «Hoy voy a escuchar a las personas», como quien recuerda tomarse la pastilla para la presión, porque es de vida o muerte.

5. Dese premios especiales cuando logre escuchar con pasión a alguien, y también castíguese con algo que le duela cuando deje de hacerlo.

6. Haga del ejercicio de escuchar un juego divertido, una lúdica interior que le parezca deliciosa y gratificante en la vida.

7. Aplique unos indicadores de gestión a su proceso de escucha, califíquelos de 1 a 10 cada día y evalúese en forma permanente. Al final del día, sabrá que escuchar es su gran pasión.

Escuchar es un arte... es poesía

Cuando hablo de la pasión de escuchar, no me refiero a un ejercicio eufórico y emocional, efusivo y ardiente. La pasión por la escucha se puede volver también una serena poesía, un ejercicio moderado y equilibrado, que produce una serena sensación de bienestar.

Desde ese punto de vista, la escucha se vuelve arte y poesía. Sensibilidad y necesidad interior de arte, creatividad y notas sublimes de música. Amo el poema del maestro Pablo Neruda porque me lleva a recordar que el sublime acto de callar nos deja escuchar en el otro sus sentimientos más hondos, profundos y bellos.

Como en el famoso poema de «Me gustas cuando callas» que quiero traerle hoy a usted, mi amigo lector, como un detalle de agradecimiento por haberme soportado en todas estas páginas de estos tres libros de habilidades de comunicación.

Le regalo este poema de Neruda, como si fuera la cima más alta de sus habilidades como comunicador de excelencia. Le regalo la poesía, el valor del silencio, la libertad de escuchar como el nivel más alto de su potencial como ser humano.

Me apasiona la forma poética que puedo ver en la virtud de la escucha. ¡Y qué maravillosa forma de decirlo la de Pablo Neruda! Qué perfecta armonía del maestro, cuando dice: «Sin más **pasión** que la substancia».

Lo invito a la pasión de la substancia de esos tres conceptos que se entrelazan como perlas en un collar fino en este poema, que podría llamarse el poema de la escucha: «Silencio, callar y pasión».

Resumen y autoevaluaciones

Según todo lo que hemos compartido hasta ahora en estos capítulos, y en resumen, la escucha implica comprender al próximo, mostrar interés por lo que dice, tanto en forma verbal como no verbal, con sus pensamientos, pero también con sus sentimientos y emociones.

También implica mucho más que una simple audición pasiva de los sonidos que emite el otro. El asunto está entonces en saber discernir en forma exacta si de verdad sabemos escuchar en forma dinámica y empática, positiva y adecuada.

Algunos indicadores puntuales y sencillos nos pueden ayudar a evaluar nuestra forma de escuchar a los demás:

- Medir el tono anímico. Se dice que la escucha es profunda cuando el que recibe el mensaje es capaz de adecuarse al tono anímico del que emite el mensaje. Puede captar y ser sensible a sus expresiones de ira, buen humor, gracia, seriedad, prepotencia, rechazo, aceptación, angustia, dolor, amargura, resentimiento, determinación, ánimo. Y ante esas expresiones, asumir una postura adecuada.

- Resumir el mensaje que nos transmiten. Para que no parezcamos personas insensibles y distantes, sino atentas y dispuestas, podemos escuchar a la persona y luego intentar resumir lo que nos dijo en una frase puntual. Así no pareceremos una grabadora que simplemente copia las mismas palabras y las repite sin ninguna gracia ni valor agregado.

- Saber determinar cuál es el momento justo para intervenir, sin interrumpir en forma abrupta e imprudente. La escucha se sentirá transparente y sincera cuando se refleje la comprensión hacia el otro y el deseo de acompañarlo, no de cortarlo. Para ello, no necesariamente tiene que demostrar que está de acuerdo con todo lo que se dice, sino asegurarse de que en verdad siente que aprecia lo que la persona le dice, porque respeta y cuida su dignidad humana.

  Es necesario saber en qué momento es oportuno participar de la conversación, intervenir, o interrumpir si es necesario. Pero más allá de eso, es muy importante desarrollar la habilidad de escuchar bien para luego animar a la persona con nuestras buenas y breves intervenciones. Siempre con el ánimo de ayudar, facilitar y promover al otro.

- Saber afirmar al otro, sin calificar lo que dice. Porque por lo general buscamos emitir un juicio después de que escuchamos. Esa es la tendencia generalizada. Por eso, es importante entender que la escucha es válida cuando me intereso más por observar en el próximo cuál es el asunto o conflicto que necesita manifestar. Qué le preocupa.

Para ello es necesario confirmar primero si dispongo del tiempo suficiente. Porque de lo contrario, es mejor ni siquiera iniciar la conversación o si no, la persona se sentirá más frustrada aún y puede convertirse en una pelea, disgusto o conflicto mayor.

Verifique si sería mejor aplazar la reunión, o la conversación, para decirle con un alto sentido de valoración a la persona que aprecia mucho la confianza para contarle, pero que deben buscar un momento más adecuado para darle la atención que merece.

- Verifique que la otra persona no le manipule al tratar de monopolizar todos los espacios de conversación con la exposición permanente y persistente de sus sentimientos y pensamientos, que le asfixia y no le permite participar. Porque si usted siente que la otra persona solo quiere que la escuche y no le permite emitir ni un sonido de afirmación y acuerdo, usted sentirá que ese espacio está dominado por el otro y su escucha no podrá ser dinámica ni empática. Terminará por volverse antipática.

Por eso debe saber colocar límites a la ESCUCHA, para no pasarse de la línea delgada entre ser empático y no dejarse manipular. Aplique los límites y encontrará su justo lugar como oyente que sabe escuchar, pero también sabe dejar de escuchar cuando el mensaje afecta su tiempo, su espacio y hasta su integridad.

TESTIMONIOS Y EVALUACIONES

ESTA ES LA SELECCIÓN DE ALGUNAS OBSERVACIONES Y CALIFICACIONES obtenidas al finalizar los procesos de aprendizaje para el desarrollo de habilidades y competencias comunicacionales, dirigidos por la consultora Sonia González A. Los nombres de los participantes y las empresas se mantendrán en reserva por razones de confidencialidad.

—Excelente taller y consultora. Un cambio total. Fue una experiencia única, muy dinámica.

—Aprendimos de una manera fácil y dinámica técnicas para mejorar nuestra forma de presentar frente a una audiencia. Excelente método de enseñanza.

—Excelente taller para el desarrollo profesional y personal. Me encantó tanto la forma como el fondo. Lo recomiendo.

—La charla fue muy didáctica y superenriquecedora.

—La forma de aprender es muy vivencial, y desde el interior de cada uno, para que sin perder la esencia, se mejore en todo sentido.

—El programa es excelente, lo recomiendo para todos los funcionarios del banco.

—Las vivencias de este taller me dejaron enseñanzas útiles. Las actividades lúdicas y dinámicas caracterizaron esos días. Estoy convencida de la utilidad de las herramientas aprendidas.

—Excelente presentación y capacitación, muy útil y práctica, se debería implementar para todas las áreas del banco.

—Excelente capacitación, aplicable desde todo punto de vista a la vida personal y laboral. La disposición es óptima para transmitir y comunicar el conocimiento.

—Excelente y ojalá se sigan dando estos espacios de retroalimentación y a su vez conocer más a fondo a otras personas con las que compartimos a diario. Excelente consultora.

—Este curso es muy aplicable a nivel laboral y para todos los ámbitos en los que nos desenvolvemos cada uno. La docente muestra total dominio de la temática y total interés porque los participantes se lleven el contenido del curso en sus vidas.

—Felicitaciones por todo lo grandioso que nos transmitiste en está capacitación, porque das todo y lo mejor, porque nos haces sentir muy especial, y tienes todo para seguir triunfando.

—Gracias a la empresa, gracias departamento de capacitación, pero sobre todo, gracias a Sonia por estos dos días de constante aprendizaje y enriquecimiento personal. Lograste quedarte en nuestro corazón. Gracias.

—Fue un taller que me gustó mucho, me hizo dar cuenta de mis errores, me hizo mejorar la calidad de mis exposiciones. La actitud de Sonia fue excelente, con muy buen dominio del tema y disposición total hacia el grupo. Es una persona muy hábil, logró muchos cambios en todo el grupo.

AGRADECIMIENTOS

A LAS EMPRESAS, ENTIDADES Y UNIVERSIDADES POR CONFIAR EN MÍ EL entrenamiento de sus mejores líderes:

Bancolombia, Davivienda, Grupo Bolívar, Helm Bank (Banco de Crédito), Liberty Seguros, BBVA, Baker & McKenzie, Quala, Codensa, Coca-Cola, Avianca, ABN AMRO Bank, Uniandinos, Universidad de La Sabana, Universidad de Los Andes, Kuehne + Nagel, Legis, Dirección Nacional de Planeación, Secretaría Distrital de Planeación, Auditoría General de La República, Movistar, Club Ecopetrol, Ejército de Colombia, Titularizadora Colombiana SA., Microsoft, Fedex, Audilimited, Grupo Corona, World Vision International, Banco de Occidente, Ingram Micro, GM Financial, Amway...

A todo el equipo del HarperCollins, por escogerme desde Nashville entre autores de *best seller* mundiales.

A Larry A. Downs, senior vicepresidente y publicador, por su magnífico apoyo y liderazgo efectivo para avanzar en esta obra. Hombre de altura. A Graciela Lelli, por la excelente labor como editora. A Gretchen Abernathy, por su amable ayuda en la revisión de pruebas. A Roberto Rivas, por su excelente dirección en México. A Carlos Hernández, Lluvia Soto, Herbey Becerra, Alfonso Guevara, Elías Yepez, por el impulso de las ventas, a Tod Shuttleworth, por el impulso a las publicaciones hispanas... ¡Gracias! A Jonathan Blanco, Paty Shechter, Yolanda Chavarría... ¡A todo el equipo HCCP!

A mi madre, Stella Andrade de González, por su ejemplo de mujer virtuosa, alegre y siempre joven. Tenía razón mi padre en las cartas de amor: «Mujer supraterrenal, ángel subceleste».

Por encima de todo, a Dios. Para Él es todo el crédito de esta obra. Mi vida rendida a sus pies. Mi entera gratitud. Por siempre.

NOTAS

Parte I: Hablar

Capítulo 7: *Expresión corporal: postura y actitud*

1. W. Chan Kim y Renée Mauborgne, *La estrategia del océano azul* (Cambridge: Harvard Business School Press, 2005).

Parte II: Escribir

Capítulo 2: *La preparación antes de escribir*

1. Daniel Goleman, *Inteligencia emocional* (Barcelona: Kairós, 2001).

2. Gonzalo Martín Vivaldi, *Teoría y práctica de la redacción y el estilo* (Madrid: Paraninfo, XXIII edición, 1990).

3. *Ñapa* es una palabra popular utilizada en Colombia para referirse a un pan de más que daban de regalo en la panadería o en la tienda del barrio. En otros países de Latinoamérica se dice «yapa», «chapa», «vindage» o «vendaje».

Capítulo 3: *Desarrollo de las habilidades y destrezas del escritor*

1. Gabriel García Márquez, *Cien años de soledad* (España: Alfaguara), edición conmemorativa presentada por la Real Academia Española y la Asociación de Academias de la Lengua Española, en el marco del IV Congreso Internacional de la Lengua Española (Cartagena de Indias, 26 a 29 de marzo 2007), y revisada por el propio Gabriel García Márquez.

2. Gabriel García Márquez, *Vivir para contarla* (Bogotá: Norma, 2002).

3. Comentario anónimo en http://www.librerianorma.com/producto/producto.aspx?p=A4b+wtdOAuUFy/69/O/PMQ==.

Capítulo 6: *Expresión escrita virtual*

1. Jakob Nielsen, «Be Succinct! Writing for the Web», Alertbox para Jakob Nielsen para 15 marzo 1997, http://www.useit.com/alertbox/9703b.html.

2. Dianna Booher, *E-Writing: 21st-Century Tools for Effective Communication* (Nueva York: Simon & Schuster, 2001).

Capítulo 7: *El estilo personal: la identidad y el perfil del escritor*

I. Rubén Darío (Nicaragua, 1867–1916), *Canción de otoño en primavera.*

ACERCA DE LA AUTORA

SONIA GONZÁLEZ A., FUNDADORA Y DIRECTORA DE PRESS IN COMUNICACIÓN Inteligente, es reconocida conferencista, consultora y asesora de empresas internacionales en las áreas de la comunicación, el liderazgo y los valores. Es la autora de *El condor herido* y del capítulo colombiano de *Rostros de la violencia en América Latina y el Caribe* de World Vision International. Ha sido colaboradora de diarios y revistas en Colombia, como *El tiempo, El espectador, Diners* y *Credencial*. Desde su país Colombia, viaja por todo Latinoamérica dando programas de entrenamiento empresarial. Es presidenta de la Fundación Cielo Nuevo y directora de la Revista DAR! que circula con *El tiempo* en Colombia y *El nuevo herald* en Miami y el sur de la Florida.

SONIA GONZÁLEZ A.

¡POWER PEOPLE!

GENTE DE POTENCIAL

El poder de la comunicación inteligente

ISBN 9781602559554

SONIA
GONZÁLEZ A.

EL **EFECTO**

DESCUBRA LA RIQUEZA DE ESE
«ALGO» QUE USTED TRANSMITE

ISBN 9781602558878

ISBN 9781602553750

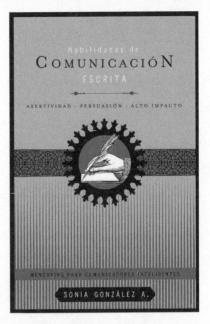

ISBN 9781602553767

ISBN 9781602553743